子どもたちの
心・行動が「揃う」
学級づくり

友田　真 著

黎明書房

はじめに

私には，忘れることのできない光景があります。それは，教師1年目の4月のことです。隣の学級の国語科の授業を見せてもらいに行きました。

教室に入るなり，「おはようございます。」と元気な声で子どもたちが迎えてくれました。そして授業はというと，どの子も真剣な目で授業に取り組み，教師の発問に対してサッと手が挙がります。

私の学級はというと……。覚えていないくらい，悲惨な状況でした。

大学を卒業してすぐに教師になり，3年生を担任させてもらいました。子どもたちの前で何を話したらいいか，授業はどう進めたらいいか，大学で勉強して教員免許を取得したにもかかわらず，全くもって分かりませんでした。

授業を見せていただきながら，ふっと考えました。それは，「私の学級の子どもたちも，隣の学級の子どもたちも3年生というのは人生に一度しかない。その3年生を私が担任したのと，隣のベテランの先生が担任したのでは，大きな差がうまれてしまう。」ということです。

子どもたちの将来を左右する重要な仕事に就いたのだということを，自覚した時でもありました。

その時から今日まで，我武者羅に教師修行を進めてきました。9年の月日が経ちましたが，今でも日々反省ばかりです。しかし，大好きなことを仕事とし，子どもたちの成長を直接感じることができることに，倖(しあわ)せを感じています。

課題だらけですが，先日行った国語科「海のいのち」の授業で子どもたちが次のような感想を言ってくれました。

「はじめは，全く意味が分からなかったけど，先生と勉強したら物語の奥深さに引き込まれていきました。そして，太一が考えたことが少しずつ分かってきて楽しかったです。」「国語の授業が，どんどん好きになりました。」などと語ってくれました。

私の予想を超え深い読み取りを行い，子どもたちの成長を実感した学習でもありました。

1年目に衝撃を受けていらい，校内の先生方はもちろん全国の先生に「どのように授業をしたらいいか。」「どうやって学級を創ったらいいか。」などたくさん聴きに行き，教えていただいています。その中で，どんな教師を目指していきたいか，どんな授業を行いたいのかというトップイメージを明確に持つことができるようになってきています。

教えていただいたことをすぐに学級で実践するのですが，「やっぱりうまくいかないなぁ。」という反省の繰り返しです。しかし，分かってきたこともいくつかあります。

その中の一つが，授業づくり・学級づくりを別々に考えていてはいけないということです。

国語科の授業を深めていくためには，一人ひとりが心を開放して発表をしたり学級として真剣に学ぼうとする雰囲気がなかったりすると，いくらよい発問を行っても効果が得られません。

学級づくりといっても，特別に「学級づくり」のための時間などありません。授業を行いながら，学級をよりよくしていくための視点も併せ持っておく必要があります。

本書は,「学級づくり」に焦点を当ててまとめたものです。もちろん前述した通り,授業を行いながら「学級づくり」を行うことも意識してまとめています。

「学級づくり」は,担任が決まった日から最終日までずっと続いていきます。しかし,「スタートの４月がその後の８割を決める」と言っても過言ではありません。

学級を創っていく４月のキーワードをあげるとすると,「揃う」だと私は考えています。私が考える「揃う」にも,３種類あることに気づきました。

①　物などの置き方が「揃う」
②　学級の○○ができるレベルが「揃う」(当たり前にできるレベル)
③　教師の指導に対して,子どもたちの行動が「揃う」

「揃う」にこだわることで,指導の一点突破を図っていきたいと考えています。

「揃う」ための,具体的な指導方法も満載にまとめています。ぜひ,読んでくださった皆さんの学級づくりに少しでも役立てていただけると倖いです。

2015年11月

友田　真

目　次

第1章

「揃う」にこだわり，指導の一点突破を図る

1

教師と子どもたちにある「揃う」ということのずれ

「シューズをちゃんと揃えてください。」と教師の指導。それに対して，「先生，ちゃんと揃えましたよ。」と子どもたちの反応。教師の怒りも高まっていって，「どこがちゃんとよ。揃えなさいっ。」とお説教がスタート。子どもたちは何も言い返せなくなる。子どもたちの教師への不満は，どんどん高まっていく。

上のような事例は，身近に多々あるのではないでしょうか。教師は，子どもたちがさらに高まることを期待して指導をしています。しかし，なぜこんなにも教師と子どもたちの気持ちに差がうまれているのでしょうか？

それは，教師と子どもたちの思い描いているイメージに大きな隔たりがうまれているからです。

右の写真を見てください。例えば教師が思い描いている「ちゃんとシューズを揃えている」というイメージは，かかととつま先が両足くっついており，かかとは下駄箱の端に揃っている状態だとします。

それに対して子どもたちのイメージは，自分の下駄箱にシューズが入っていればよいというものでした。

子どもたちは，「ちゃんとやったのに何で先生に叱られないといけないんだ。意味が分からない。」と感じて，教師への信頼を下げる結果になってしまいました。

教師が日常的に使っている「きちんと」「ちゃんと」「しっかり」「丁寧に」などの言葉は，具体的なイメージが相手に伝わりにくいです。特別な配慮を要する子どもたちにとっては，さらにイメージができにくい言葉となります。

　さらに言えば，教師同士でも，どの状態を「ちゃんと揃っている」としてとらえるかに，大きな差がうまれてしまいます。シューズを揃えるという事象だけを考えると，なんでもないことのように思われるかもしれませんが，教育活動全般につながっている大切なことです。

教師の思い描いている「揃う」

子どもたちの思い描いている「揃う」

2 意外に多い教師が求める「揃う」場面

学校現場には，教師が子どもたちに求める「揃う」場面が多々あります。

まず子どもたちが登校して，授業が始まるまでについて考えてみましょう。

・下駄箱に入れた靴が揃っているか。
・宿題などの提出物が揃っているか。
・ランドセルなどを揃えてロッカーに入れているか。
・水筒の置き方は揃っているか。
・朝の会が始まる時に，全員揃って席に座っているか。
・朝のあいさつをする時の声は，揃っているか。

少し考えただけでも，いくつも出てきます。授業となれば，また違った「揃う」が考えられるでしょう。

・子どもたちの机上の物の置き方が揃っているか。
・授業に必要なものが揃っているか。
・音読の時の声は揃っているか。
・手の挙げ方は揃っているか。
・返事は揃っているか。

さらに朝の会となれば。教室環境となれば。もっともっとたくさん出てくることだと思います。

私たち教師は，子どもたちに環境や行動，そして考え方などで様々な「揃う」を求めています。また，「揃う」ことができるように指導にあたっています。

なぜなら，私たち教師は子どもたちの行動や物の扱い方などを通して，心を見取っているからです。やはり，自分の物を大切に扱い「揃えて」置いている姿を見ると，子どもたちの心の落ち着きや成長を感じることでしょう。

一方で，持ち物を乱雑に扱っていたら，心配をしたり指導の必要性を感じたりしているでしょう。

意外に多い「揃う」場面の一つひとつにこだわり，指導にあたることで子どもたちの心も行動も大きな変化として現れてきます。「揃う」をキーワードに指導の一点突破を図っていきたいと考えています。

3 学級の当たり前のレベルを高く設定する

私は自分自身の力を高めていくために，全国の学級を参観させていただいています。また，各地で開催されているセミナーに参加して，直接様々な先生からお話を聴かせていただいています。

その中で感じることは，「当たり前のレベル」が驚異的に高いということです。もちろん，各先生方がされているオリジナリティー溢れる実践の素晴らしさはあります。しかし，「すごい」と言われる学級は必ず，「当たり前のレベル」が高いことが共通点の一つとして挙げられると思います。

あいさつを例に考えてみます。ある学級では，教師があいさつをしたことに対して，ぼそぼそと「おはようございます。」と暗い声でのあいさつが当たり前になっています。このような学級では，次に登校した子もその次に登校した子も同じような感じです。

つまり，教師に対して聞こえるか聞こえないかの声であいさつをすればいいというのが，この学級の「当たり前のレベル」として揃っているのです。まだ，あいさつを返しているだけ，ましな方なのかもしれません。

これに対して「すごい」と言われる学級は，教師を見つけるなり，「おはようございます。」と周囲の人が目を見張るような明るい声であいさつを行います。声だけではなく，立ち止まって教師の目を見ながら，あいさつもしています。特定の子だけではなく，次に登校してくる子もその次に登校する子も同様です。そして，教師対子どもだけではなく，子ども対子どものあいさつも盛んになっています。

つまり，この学級では，あいさつは自分からするものであり，明るい声でハキハキと行うことが「当たり前のレベル」として揃っているのです。

「当たり前のレベル」がどこに揃えられるかは，学級を高めていく上でとっても重要な要素の一つとなります。高いレベルで設定されると，あらゆる面で子どもたちが伸びていきます。しかし，低いレベルで設定されるとなかなか引き上げていくことが難しいです。

子どもだけではなく人間は，周囲の環境を気にしやすい特性があります。

学級の大多数が，あいさつを自分からハキハキと行っていれば，その姿を真似しようとします。もし一人だけボソボソとしていたら，そのことの方が周囲から孤立している感覚になります。

反対に学級の大多数が，ボソボソとあいさつをしている中で，一人だけハキハキとあいさつを行うことは至難の業です。高学年ともなれば，「一人だけ，変じゃない。」「あいつ，先生に気にいられようとしているんじゃない。」などと周囲から思われるのではないか不安に感じることもあるでしょう。

あいさつを自分からハキハキとすることが大切だと考えていても，学級全体の「当たり前のレベル」が低く設定されてしまっていたら，子どもたちはそのレベルに合わせるようになります。

4

まずはトップイメージ（目指す子ども像）を!!

ではどうすれば「当たり前のレベル」を高く揃えることができるのでしょうか。

まずは，教師自身が具体的な「揃っている」状態のトップイメージを持つことです。私は，「はきもの揃え年間計画（6年生）」のような年間構想図を作っています。4月の子どもたちの実態から，どのようなトップイメージを目指していくかを明確にしています。具体的なイメージ像がなければ，その場の思い付きの指導になってしまいます。

思い付きの指導は何の戦略もないため，子どもたちのマイナスの面に目がいきがちになります。そして叱る指導が中心になり，負の循環をうんでしまいがちです。

具体的なトップイメージがあれば，そのレベルに引き上げていくためにどのような指導が必要か，戦略を練っていけばよいです。

はきものを揃えることについて，最終的な姿として掲げている，「学校全体を見渡して，友だちや他学年のものも進んで揃える。」には，いきなりなれません。そのためには，自分の靴を確実に揃えたり，他人の靴に目が向いたりしていくようにスモールステップで指導を行います。つまり，当たり前のレベルを上げていくことが必要になります。思い付きで子どもたちを叱る指導は，激減します。

もし子どもたちの姿が自分の思い描いている姿になっていなければ，年間構想図を見直して，指導の修正を行えばいいことです。

トップイメージを持っておくことが，どのような指導がよいかを考えていく一歩になるのです。イメージがあれば，「4月には教師と子どもたちの靴が揃っているイメージを共有しよう。そして，下駄箱の靴はかかとを入れ物の端と揃えることを当たり前にしよう。」などの目標ができてきます。

　子どもたちを認める戦略的な指導を行うことで，子どもたちはどんどん高まり，プラスの循環がうまれてきます。

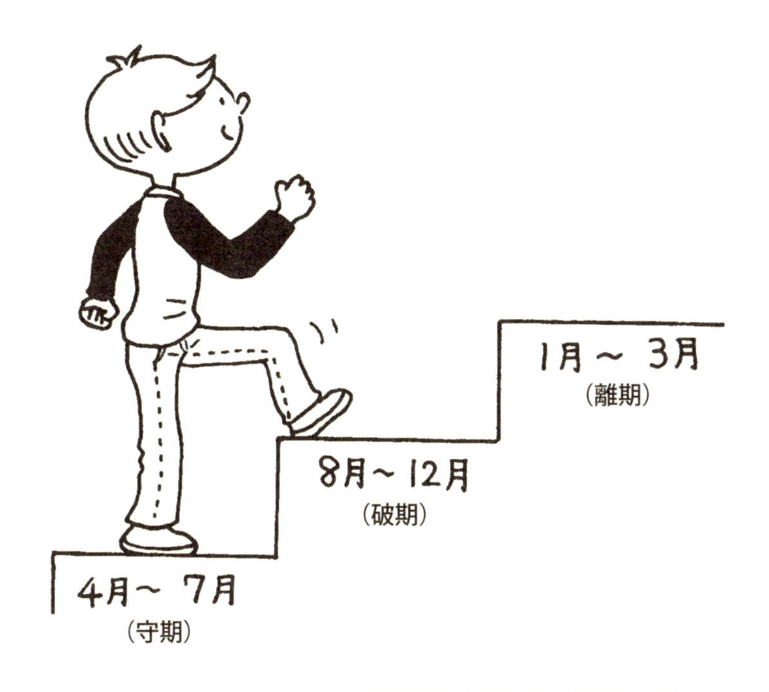

守期……学級，教師の前で言われたことを確実にやる時期
破期……教室の外，教師の前以外でも，正しいことをやる時期
離期……一つのことだけではなく，他のことにもつなげて，正しいと思うことを進んでやる時期

はきもの揃え年間計画（6年生）

4月から7月（守期）	
目指す姿	自分のはきもの，トイレのスリッパなどを確実に揃える。
はきもの揃え指導の作戦	見たい姿（その時のフォロー）
○下校の際にどのような入れ方が「揃う」状態かを共に確認する。 ・共に確認を行うことで，スタンダードを共有する。	○次の日の朝も，はきものを揃えることを意識している子を認める。
○下駄箱の様子を写真に撮り，できている子に○をしておき，認めていく。 ・○をすることで，教師の認めるポイントを可視化する。	○認められることで，さらなる意欲を持つ。できていない子に，「まずい」という気持ちを持たせる。
○揃えることの意味を話す。 ・揃えることは，次の人への思いやりであることを伝え，思いやりの大切さに気付かせる。	○自分だけではなく，次の人のことを意識して動く子を見逃さないで認めていく。
○はきものを揃えることと同様に，かかとをふまないことや自分自身でシューズを洗うことに挑戦することなどを，提案する。 ・自分で行うことで，物を大切にする心を育てていきたい。	○自分で洗うことで，保護者の方々の買い与えてくださっている思いに気付く。 保護者にも協力を呼び掛けて，子どもたちに挑戦をさせる。
○トイレに行くなどして，トイレのスリッパを揃えていた子を認めていく。 ・「破期」の「人が見ていない場でも」ということにつなげていかせる。	○人が見ていなくてもできることは，本物の力だということを伝える。
8月から12月（破期）	
目指す姿	人が見ていない場でも，自分から揃える。
はきもの揃え指導の作戦	見たい姿（その時のフォロー）
○人が見ていない場でも，正しいと思ったことを行動できることの価値の高さを感じ取らせる。 ・どんな場所でもできることこそ，	○急にトイレに行っても，はきものを揃える姿があったり，下校後にシューズを当たり前のように揃えたりしている。

<table>
<tr><td>本物の力であることを感じ取らせる。
○先生がいない場で見つけた，友だちの「揃える姿」を発表させる。
・見つけると共に，自分自身も行うという気持ちを高めさせる。
○シューズから他のものへと広げていけるように，そうじ道具や様々なものを揃えることを意識させる。
・１日の中で何個意識して揃えることができたかを発表させる。
○「揃え隊」を結成して，リーダーが中心となって，様々なものを揃える気持ちを持たせる。
・形だけではなく，心を育てる。さらに，やらされているという感覚から，自分からやりたいという気持ちになるように心がける。</td><td>○多くの子のよさを見つけ，相互に認め合える姿。場の設定を積極的に行っていく。
○ゲーム化を行い，さらに数を意識させることで「揃える」ことへの意欲を高めている姿。「はきもの揃え」だけではなく，様々なものを揃えることへと波及させていく。
○揃っていない子を注意したり厳しくチェックをするのではなく，友だちのもフォローしたり揃えたりする子を目指す。そういう姿の子を，認めていく。そして，ほめられるためだけではなく，動いていることの価値の高さを認める。</td></tr>
<tr><td colspan="2">１月から３月（離期）</td></tr>
<tr><td>目指す姿</td><td>学校全体を見渡して，友だちや他学年のものも進んで揃える。はきものだけではなく，様々なものを揃えることへ視野を広げる。</td></tr>
<tr><td>はきもの揃え指導の作戦</td><td>見たい姿（その時のフォロー）</td></tr>
<tr><td>○学校のリーダーとして，「揃える」ことを広げていく作戦を，グループごとに考えさせる。
・リーダーとしての意識を高めることも考えて取り組ませる。
○卒業式準備など，教室以外でもいすや道具，はきものなど様々なものを揃えることを意識させる。</td><td>○他の取り組みとも関連させながら，学校全体への手本になることを意識して動く。そして，ポスターや自分が実践するなどして積極的に広げようとしている子を認める。
○教室で取り組んできたことを，積極的に他の場で行っていこうという姿。</td></tr>
</table>

5 「揃う」ことを目指す意味・効果

私の師である福山憲市先生は，「揃うとは，心が前に向いていることを表す」と言われています。

特に学級開きをしたばかりの４月は，「揃う」にこだわる必要が２つの理由であると考えています。

一つは，物が揃っていると心が落ち着くからです。子どもたちに，あえて体験をさせてみると分かりやすいです。

子どもたちに休憩時間に，机の向きもばらばら，机上もぐちゃぐちゃにさせておきます。そして，授業を何事もなかったように始めます。

次の時間は，机の向きを「揃え」ます。机上も整頓をさせておきます。そして授業を行い，バラバラだった時と「揃えて」授業を行った時の違いを考えさせます。

すると，バラバラだった時は「やる気にならなかった。」「周りが気になった。」などの意見が出てきます。

一方で「揃えて」授業を行った時には，「やる気になった。」「どんどん集中しようという気になった。」などの意見が出てきます。

「揃う」ということは，「心が前に向いている」ということを，子どもたちに体感させます。

同様に，ロッカーなどの物の置き方やシューズの入れ方なども意識をさせていきます。物の置き方などが「揃って」くると，不思議なことに子どもたちの心も「揃って」きます。さらに，物を大切にできるようになると，仲間を大切にすることにもつながってきます。

もう一つは，子どもたちを認める場面を意識的に仕組めるからです。

これまで述べてきたように，「揃う」にこだわって指導の一点突破を図っていきます。子どもたちのどのような姿を目指していくかという具体像を持っておくことで，子どもたちを意識的に認めていくことができます。

私は，どうしても子どもたちのマイナス面に目がいきがちです。しかし，どの子もプラス面を持っています。特に４月は，子どもたちのよさをたくさん認めていき，教師と子どもたちとの関係を紡いでいきたい時です。その時に，「揃う」場面にこだわって子どもたちを見ていくと，よさを認めていく多くの場面が目に入ってきます。

そうじを終えた時の道具の片づけ方。ノートの出し方。そして，授業中の音読の声など。どれも，自分のことだけではなく，周りの人のことも考えた言動です。それらのよさを認めることで，「先生は，私を見てくれている。」と子どもたちに感じさせ，信頼関係を紡ぐ一助になります。

また，子どもたちをたくさん認め，心を前へ前へ向けていかせることで，子どもたちの伸びは加速度的に高まっていきます。

「揃う」というのは，自分のことだけを考えていたらできない言動です。次の人や周囲の仲間のことを考えた言動が，「揃う」という行為だと私は考えています。

6

行動を通して子どもたちの心を見る

> 心が変われば行動が変わる
> 行動が変われば習慣が変わる
> 習慣が変われば人格が変わる
> 人格が変われば運命が変わる

松井秀樹氏が星陵高校時代に，山下智茂監督から送られた言葉として有名です。

私たち教師は，学力をつけることを大切にしています。しかしそれ以上に，物事に感謝する心や物を大切にする心，友だちを大切に思う心などの「心」を育むことに力を入れて指導をしているのではないでしょうか。私は，そうです。

では，どうやって心の成長を見取っているでしょうか。それは，やはり子どもたちの行動を通してです。心が成長したから行動も成長したと感じ，行動が成長したから心が成長したと感じるのです。

4月は「揃う」にこだわって指導をする，と書いてきました。子どもたちにいきなり，「物を大切にしなさい。」と言葉だけで伝えても伝わりません。それを，「揃う」にこだわって指導にあたり，物が「揃う」ことを繰り返し体感させる中で，「物を大切にするのは大事だ。」と子どもたちも感じるようになるのではないでしょうか。子どもたちが物を大切にしている姿を見て，「少し心も変化してきたな。」と私たち教師は見取っているのです。

さらに，揃えている姿を認めることを繰り返す中で，子どもたちの心のコップが上向きになってきます。

４月は子どもたちにとっても，「今度の先生は，どんな先生だろう。」と様子をうかがっている段階です。つまり，子どもたちの心のコップは逆さになっています。逆さになっているコップにいくら水を注いでも，コップに水が入ることはありません。

教師が子どもたちを認めることを繰り返し，少しずつ心のコップを上向きにしていくことで，教師の言葉（水）がどんどんコップに注げる状態になります。

コップを上向きにしていく一つの手段として，「揃う」にこだわった指導が有効だと考えています。

7

行動ばかり見て大失敗

行動は，目に見える部分です。しかし，心は目で見ることができません。

植物でたとえると，行動が花や葉で，心が根です。でも，「目に見えない心（根）」が重要です。

ある年，教師の指示などが入りにくい学級を担任しました。クラス替えもない状態で，担任である私だけが変わりました。当時の私はどこから湧いてくるのか分からない，根拠のない自信を持っていました。

今振り返ると，「立て直してやる。」と燃えていたことをヒシヒシと感じます。

4月は特に，教師と子どもの関係を紡ぐことに力を注いで学級経営をこれまでしてきていました。しかしこの年は，「立て直してやる。」と，子どもたちの「心」に寄り添う指導になっていませんでした。

はじめのうちは，授業は落ち着いて学べるようになってきていました。しかし，目に見える「行動」を揃えることばかりに気持ちがいっていたので，子どもたちの「心」を育むことができていませんでした。そのため，私がいない場では問題が頻発しました。私の指導をする場も，増えていきました。

繰り返すとどんどんマイナスの循環ができていき，教師と子どもとの関係も悪化していきました。

その時に，「揃う」という本当の意味を，私自身学ばせてもらいました。

「落ち着いた学級になったね。」と周囲から認められたいという思いが強かったです。そして，子どもたちの「心」に寄り添わず「行動」にばかり目を向けて指導をしていました。私の目の前の子どもたちではなく，周りの目を気にしすぎて指導を行ったために起こった失敗だと感じています。

もしかしたら，研究授業などの前には教室のものを揃えることに時間をとっておられる方も多いのではないでしょうか。人からよく見られたい，学級がまとまっているように見られたいからといって，その場だけ「揃える」のではマイナスのことの方が多いです。

「揃える」というのは，自分自身のためであり，周囲の人への思いやりです。そして，加速度的に成長を遂げていくための，武器です。

この失敗をしたことにより，目に見える「揃う」ことにこだわるのではなく，目に見えない「心」を育むことの重要性を学びました。

8 私が目指す３つの「揃う」

私は，３種類の「揃う」があると考えています。

①　物などの置き方が「揃う」
②　学級の○○ができるレベルが「揃う」（当たり前にできるレベル）
③　教師の指導に対して，子どもたちの行動が「揃う」

①　物などの置き方が「揃う」

指導する上で，一番見て分かりやすいです。

下駄箱のシューズの様子

下駄箱をはじめ，ロッカーや机の並べ方，そうじ道具のおさめ方など「美」を感じられるように揃えて置くことを徹底しています。

②　学級の○○ができるレベルが「揃う」

これは，「当たり前のレベル」を高めていくことです。ただ「はい。」という返事をさせるのか。それとも，「はいっ。」とハリのある声でさせるのか。

物などの置き方と違って，目には見えにくいです。また，教師と子どもたち，子どもたち同士で暗黙知として認識されていることです。高いレベルで揃えることができるように，意識的に取り組んでいます。

③　教師の指導に対して，子どもたちの行動が「揃う」

②の「学級の○○ができるレベルが『揃う』」よりは，見て分かりやすいです。

例えば，「教室の乱れている所を１ヵ所見つけて揃えましょう。」と指示をしたとします。その時に，子どもたちがダラダラとした動きでロッカーを揃えたとしても，教師の指導に対して子どもたちが動いたとは言えるのかもしれません。

しかしそれは，私が考えていることとは違います。まずは，「全員」ができることです。次に，「やらされているのではなく，やりたい。」という気持ちを子どもたちが持つことです。

乱れているのを揃えるのも，教師のために行うことではありません。自分たちが気持ちよく生活ができるように，「揃える」のです。そのため，「１ヵ所」と言われたら「２ヵ所・３ヵ所」サッと揃えて，次の活動に移るようにさせていきたいです。

9

どんな子も必ず持っている 3つの「タイ」

どんなに課題が多い子でも，どんなに反抗的な子でも，次の３つのタイは必ず持っています。

○成長しタイ
○認められタイ
○友だちとつながりタイ

必ずです。

ただ，「成長しタイ」と思っていても，できない自分の姿を笑われるのは恥ずかしいからとあきらめてしまっているのかもしれません。

「認められタイ」と思っていても，素直に自分の感情を表現できないのかもしれません。

「友だちとつながりタイ」と思っていても，どうしたらいいのか分からないのかもしれません。

私の教育哲学は，「子どもたちのやる気に火を点け，可能性を伸ばす」ことです。

どんな子も，目に見えない部分でプラスの力を50持っています。反対に，マイナスの力も50持っています。勉強することをあきらめていたり，反抗的だったりするのは，それまでの様々な環境などにより，マイナスの部分が目に見えてきているのだと思います。

私はまだまだ修行中ですが，プラスの50の部分を目に見えるように引き出していきたいと強く思って教育に当たっています。

「揃う」は，一つの切り口です。「揃う」ことを通して，子どもたちの心を育んでいきたいと思っています。

そのために，物を揃えたり，仲間と心を揃えたり，行動を揃えることを通して，指導に当たっています。

「揃う」指導をする中で，３つの「タイ」を満たしていくことができるように意識しています。

ゆたかくんは，漢字の学習に大きな課題を抱えていました。漢字への苦手意識もあり，宿題をすることも怠けがちになっていました。

そんなゆたかくんを担任して２日目。宿題をしっかりやって持ってきました。前担任から，「漢字に課題があり，宿題がでない。」ということを聞いていました。

だが，宿題をやってきたので「すごく丁寧に漢字の宿題やってきたんだね。」と言うと周りの子が，「ゆたかくん，去年全然宿題しなかったけんね。漢字苦手だもんね。」と言いました。ゆたかくんも笑いながら，「そうそう。」と恥ずかしさを隠しています。

そこで，「そうだったんだ。そんな風には，思わなかったなぁ。ところで，今年はやろうと思っているの？」と私が尋ねました。すると，「はいっ。僕，変わりたいんです。」と強い決意を語ってくれました。「よし。なら全力で応援するよ。」と言って握手をしました。

それから，漢字を学習することはもちろん，様々な教科への意欲が高まってきました。時おり，「先生と約束したこと，続いているね。うれしいよ。ありがとう。」と伝えました。周りの子も，「なんか，ゆたかくん変わってきたね。」と認めてくれていました。

５月末に，漢字 50 問テストを行いました。「先生，なんか自信あるよ。」と言いに来てくれました。そしてテスト後，「先生，いつもよりできたよ。自信ある。」うれしくなり，採点をしてみると，空欄だらけ。

結果は，20点でした。

私は，漢字指導には結構力を入れています。そのため，子どもたちはそれなりの点を取ります。それなのに20点とは。

でも，それを知った周りの子は，「すごいじゃん。」と言いました。私は，「えっ？」と思いました。

そうすると周りの子が，「去年まで最高点8点だったもんね。」と一言。それに対して，「そうそう。」とうれしそうなゆたかくん。

私は，自分自身を反省しました。空白がたくさんあって，「自信がある。」と言う声に，正直「できてないじゃん。」と思った自分がいました。しかし，ゆたかくん自身は成長を感じていました。

テスト直しが終わると，「先生，もう一度やりたいから練習プリントください。」と一番に来たのはゆたかくんでした。「ありがとう。」と言って渡しました。

それからも，ゆたかくんはやる気が下がることなく努力を続けました。そして，7月末の漢字50問テスト。なんとここで……。48点を取りました。

学級の中では，一番低い点でした。でも，5月末のテストからの伸び率は，一番でした。学級の子たちも，「すごいじゃん。30点も伸びたじゃん。」と拍手をしてくれました。

保護者の方に連絡すると，「うれしかったみたいで，教えてくれました。あんなにやらなかった宿題も，自分からやっていることがうれしいんです。」と教えてくださいました。

48点。点としてはまだまだかもしれません。しかし，たった4ヵ月で苦手だったことにチャレンジを繰り返していき，続けてくれたことに「すごい。」とうれしくなりました。

1年後を考えると，もっともっと伸びていくことでしょう。何より，ゆたかくんは苦手なことにチャレンジをし続けたことで，自信とやる気を手に入れました。

夏休みの補習授業にも一番に登校して，宿題をやっていました。そして，算数や社会など様々な教科も「こんなに楽しいとは。」と感想を書いてくれるほど，意欲を持って学んでくれました。

では，どうしてゆたかくんはこんなにやる気になったのでしょうか。

それは，周りの仲間がゆたかくんの努力や成長を「認めて」くれたこと。また，ゆたかくんが漢字を学ぶ際に友だちが教えてくれたり，一緒に再テストにチャレンジしたりするなどして「つながり」を深めてくれたこと。この２つが考えられます。

周りが「認め」，「つながり」を深めたことで，ゆたかくんの「成長したい。」というやる気の導火線に火を点けたのだと確信しています。

子どもたちは，どんな子でも必ず３つの「タイ」を持っているという思いを私自身が強くした一場面でした。

10

「揃う」を超えたところに

右の写真は，私が作ったフラワーアレンジメントです。

型を教えてもらって

６年生の社会科の学習で，室町文化を学習した時のものです。生け花を体験させてやりたいと思いながら，様々な理由でできませんでした。その代わりに行ったのが，このフラワーアレンジメントです。

私は，芸術関係が大の苦手です。絵を描くことも工作をすることも，ずっと不得意でした。もちろんフラワーアレンジメントも，初めて行いました。でも，終わった後に思わず写真に撮りたいと思える自己満足の作品ができました。

自己満足できる作品ができたのはなぜでしょう。それは，フラワーアレンジメントを教えてくださる方が，生けていく際の型を教えてくださったからです。三角形の空間を作っていくときれいなアレンジメントができるそうです。（詳しくは省略させていただきます。）

そして，その三角形の空間を埋めるように，花を生けていくとよいことを教えてくださいました。型を教えていただいて，そこから自由に大きな花であるアジサイや葉を生けていきました。

同じように同学年の先生も行いましたが，出来上がった作品は全く別物です。

私の「揃う」にこだわる指導と，通ずることが多々あります。

まずは，子どもたちにどのように物を置いたらいいのか，どのような行動をしたらいいのか「型」を示していくことです。しかし，言われた通りできることを目指しているのではありません。

下は，休憩時間の終わりにボールを洗っている子です。

子どもたちには，「ボールを使った後は責任をもって片づける」ことを指導していました。これが，私の中で最低限必要だと考えた「型」です。

この子は，グラウンドが泥だらけだったので，ボールに泥が付いたまま片づけると，ロッカーが汚れてしまうと考えました。さらに，次に使う人がいい気持ちにならないと考えたようです。ボールをきれいに洗ってから水を雑巾で拭きとって，片づけています。

型を突き破っていっていることを，感じていただけることでしょう。

「揃う」ことの気持ちよさを感じたり，「揃う」ことをきっかけに心が成長したりしていくと，この例のような行動が見られます。

「揃う」は，見た目を美しくすることを目標としているのではなく，一つのきっかけとして「揃う」を超えたところにある「心」を育てていくことを大きな目標としています。

第2章

教師と子どもの心が「揃う」指導法

1

まずは教師との関係を紡ぐ

自分自身の学生時代を振り返ると，次のような経験をされた方もおられることでしょう。

英語の先生が好きだから，なんか英語の勉強も好きだった。社会は好きだったけど，嫌味ったらしい注意の仕方をする先生が嫌だから，なんか社会の勉強をする気にならなかった，などがある方も多いと思います。

子どもたちは，自分のことを理解してくれている，見てくれていると思う教師から言われたことは，受け止めます。しかし，いくらよいことを教えてくれていても，嫌だと感じた教師の話には聞く耳を持ちません。

私は，子どもたちへの指導を焦るばかりに，教師と子どもとの関係を築くことを十分にできず，その後の指導で大変だった失敗談がいくつもあります。

一方で信頼関係が築けた子は，どんどん指導が入っていき，教師の期待以上に伸びていった子が何人もいます。

どんなに理論や指導方法が立派であっても，人間対人間です。子どもたちの心のコップを上向きにしてから，水を注いでいくことが欠かせません。子どもたちが，教師の指導を受け入れる構えができるとどんどん教師の指示が入っていきます。

教師自身が子どもたちの手本になっていくことも，忘れてはいけません。子どもたちに「授業中，集中して話を聴いて，全力で取り組みなさい。」と言うのであれば，どの授業も全力で行わないといけません。教師の言動が一致して，はじめて教師の語る言葉に魂が吹き込まれるのだと考えています。

子どもたちに「好かれること」を考えて，機嫌を取るような指導は逆効果です。しかし，時には子どもたちの気持ちに寄り添い，「あの先生が言うなら。」と思わせる信頼関係を築くことが，何よりのスタートラインだと思います。信頼関係ができてくると，学級の「当たり前のレベルを高める指導」や「子どもたち同士をつなげる指導」なども効果的に進めていくことができます。

2

教師と子どもの心が「揃う」ための価値づけ

よく見れば　薺（なずな）花咲く　垣根かな

松尾芭蕉

この句は，朝教室に向かう途中や子どもたちのマイナスの面に目がいっている時などに，私自身の中で思い出す句です。

薺は，どこにでも咲いている花です。また，バラなど華やかな花とは違い，草花です。それがゆえに，注意して見る人は少ないことでしょう。

しかし，注意して見ると様々な所に咲いていることに気がつくはずです。

人間の目は，不思議な目です。見ようと思っていたら，見えてきます。しかし，見ようと思っていなかったら，見えません。子どもたちを見る時も同じです。

子どもたちのよいところを見つけようと思うと，どんどんよいところが見つかります。しかし，何も考えないでボーッと見つめていると，マイナスな面ばかりが目につくことと思います。

薺の花は，よく見ると素敵です。花が咲いた後，次々種子になっていきます。ペンペン音が鳴る部分は，葉ではなく実なのです。

花が咲いた後すぐに，次の命となる種になり，上に上に伸びていきます。

子どもたちも，薺と同じだと思います。子どもたちの持っている「よさ」を引き出し，花を咲かせていくのが教師の仕事です。たくさんたくさん花咲かせ，次への成長になる種を蒔いていく手助けをする。そんな教師でありたいと思っています。

子どもたちとの出会い。真っ新（まっさら）な気持ちで，向き合いたいものです。そして，よさを見つけては認めていく。価値づけていく。そんな教師が言うことには，子どもたちも耳を傾けてくれるのではないでしょうか。

そんな私も，まだまだ修行中です。これを読んでいる教え子は，「そうかなぁ。」と思っている子も少なくないことでしょう。でも，そんな教師になりたいと心底思い，子どもたちと向き合っています。

子どもたちの持っているプラスの面を引き出し，伸ばしていくためにも，子どもたちをしっかり認めることが欠かせません。

反対に，「あの先生の言うことは……。」と思われてしまうと，子どもたちのマイナスの面がどんどん引き出されていきます。そして，マイナス面を指導してさらに関係がぎくしゃくしていく悪循環に陥ります。

そうならないためにも，意識的に子どもたちの持っているよさを見ようとする教師修行が必要だと考えています。

以下，教師と子どもたちの心が揃うための価値づけの９つの指導方法を紹介します。

3

価値づけていく具体的な方法①　写真

活用方法①　価値づけていきたい様子を写真に撮っておく

本棚の様子

● 効　果

子どもたちに写真を見せることで，教師と子どもたちの本棚の本が「揃う」様子を共有することができます。

また，本棚のそばに掲示しておけば，写真と同じように本棚を揃えるようになります。

活用方法②　写真を見せながら認める

図工の道具の片づけ方

● 効　果

写真は，ある図工の授業を終えた後，使った道具の片づけ方にうれしくなり思わず写真におさめた１枚です。

揃えて置いているだけではなく，種類ごとに分けて置いています。

この写真を子どもたちに見せながら認めることで，「揃う」ことの気持ちよさを伝えることができます。

活用方法③　変化を感じさせる

給食初日のゴミ箱

11 月のある日の給食後のゴミ箱

● 効　果

子どもたちに，「先生，ゴミ箱まで写真を撮っているの？」と驚きながら突っ込まれた写真です。

写真は，認めたり，叱ったりするだけではなく，成長を実感させることもできます。

左は，給食初日のゴミ箱です。私はこの様子を見て，思わず微笑みました。そして，写真に撮っておきました。その時に，「半年後には，この様子を一変させる」と胸の中で誓いました。そして，「揃う」ことにこだわった指導を繰り返しました。

右の写真は，11 月のある日の給食後です。しっかりと分別をしてあることはもちろん，ゴミが少なくなるようにビニール袋を小さく結んでから捨てています。

この２枚の写真を子どもたちに見せます。すると，「僕たち，あんなんだったの。」「なんか成長したことを感じる。」と喜んでくれます。

子どもたちの並び方なども後ろから撮影しておくと面白いです。グニャグニャだった様子から，一直線に整列できるようになっている写真を見ると，子どもたちも感動してくれます。

4

価値づけていく具体的な方法②　**動画**

活用方法①　子どもたちが，音読をしている様子などを撮影します。そして，音読を終えてすぐに電子黒板などに動画を映して見せます。

●効　果

子どもたちは，はじめ自分たちが映っていることに照れます。しかし，「なんか，声が揃ってないじゃん。」「感情が伝わらない。」など，客観的に自分たちを見つめることができます。

次回音読をさせると，変化しています。教師の「もう少し気持ちを込めて」などの表現の意味を共有することができます。

活用方法②　体育の跳び箱の指導の際に，「もう少し足をまげて。」などの指導をすることがあると思います。その時に，動画で撮影をしておきます。そして，子どもと共に映像を見ます。

●効　果

動画は，スローモーションで見ることができます。教師の思っている「もう少し足をまげて。」というのが，どの場面のことか。さらには，何を意味しているのかを子ども自身に見せることで，理解をさせることができます。

写真にしても，動画にしても，普段見ることができない自分の姿を見られるので，とても効果的です。

5

価値づけていく具体的な方法③
朝の黒板を活用して

活用方法

① 子どもたちが帰宅後，黒板に子どもたちのよかったところを毎日２人ずつ書きます。例えば，「りゅうきくん。６年生として学校全体のために廊下が濡れているのを進んでそうじしてくれてありがとう。感激しました。」や「あさみちゃん。先生が知らないところで宿題を揃えてくれていたことを聴いて，うれしくなりました。先生がいなくてもできるなんて，本物だね。」などです。

② 特定の子ばかりにならないように，名簿にチェックをしておきます。全員が同じ数ずつになるよう，配慮が必要です。子どもたちが，他の人に知られたくないことを書かないよう注意が必要です。

●効　果

子どもたちが登校してきた時に，笑顔になってほしいとの思いで行っています。登校すると，「今日は誰だろう？」と子どもたちは目を向けてくれます。もちろん，書かれている本人の言動を価値づけることはありますが，他の子にも「こんな言動ができたらいいよね。」というメッセージになっています。また，書かれている子のよさを宣伝していることになります。

黒板に書くことで，「りゅうきくんは，知らないところでそんなことをしていたんだ。」と黒板を読んで初めて知る子もいます。それにより，「りゅうきくんすごい。」と周りの子たちに宣伝することにもなります。

教師が続けていると，子どもたちが友だちのよさを見つけて書くようにもなります。

価値づけていく具体的な方法④　付箋を使って

活用方法

①　前項「③　朝の黒板を活用して」同様，毎日２人ずつ，一人ひとりについての教師が見つけたよさを付箋に書いて机に貼っておきます。

②　全員が同じ回数になるように，名簿などにチェックをしておきます。

③　書く内容は，「学習に関すること」「友だちとのこと」「そうじなどの仕事のこと」の３種類がバランスよくなるようにします。

● 効　果

黒板よりも具体的な内容を書き，認めることができます。また，付箋になっているので，連絡帳に貼って持ち帰らせ，保護者に見てもらうこともできます。

何よりも，教師が子どもたちのよさを意識して見つめるようになります。「学習」「友だち」「仕事」３種類のバランスを意識しながら，見つけたら付箋に書いていきます。意識を持っておくことで，子どもたちのよさが浮き上がって見えてきます。

高学年でも，付箋を大切に連絡帳の間に挟んでくれている子やお礼の手紙を書いてくれる子もいます。

7

価値づけていく具体的な方法⑤　電話を使って

活用方法　学校の中で見つけた子どもたちのよさやがんばりを，電話を使って保護者に伝えていきます。

● 効　果

子どもたちは，大好きな保護者の方から認められることが何よりもうれしいものです。

しかし，子どもたちの中には学校でのことを保護者に話さない子も多くいます。保護者は，知りたいと思っているものです。

そこで，教師から保護者に学校での様子を積極的に伝えていきます。

はじめ電話をすると，「うちの子が，何かしましたか？」と言われる保護者が多いです。それくらい，学校からの連絡はマイナスのことが多いことを表しているとも言えるでしょう。

マイナスのことかと思っている中で，プラスのことを伝えることで，より保護者の方は喜ばれます。そして，電話の内容を保護者の方が子どもたちに伝えてくださることで，「明日もがんばろう。」という子どもたちの意欲付けにつながります。

中には，「先生，昨日僕の家に電話したでしょう。」と言ってくる子もいます。でも，照れながらです。

保護者と教師は，「子どもたちを成長させる」という目的において，共に力を合わせる関係でなければなりません。しかし，わが子はかわいいものです。何かマイナスのことがあった時だけ連絡をされ，「指導してください。」と教師から言われていたら，保護者の教師への不信感も高まっていきます。

日頃から子どもたちのよさを伝えていくことも，保護者との関係を密にして，子どもたちをさらに高めていくために欠かせません。

8

価値づけていく具体的な方法⑥　はがき

活用方法

① 担任が決まったら，子どもたちの住所をまとめておきます。
② はがきに住所を印刷しておき，手帳に挟んでおきます。
③ 子どもたちのよさ（黒板や付箋よりも価値づけたい内容）を見つけた時に，はがきに綴ります。
④ 郵便ポストに投函をします。
⑤ 1人の子どもに対して2ヵ月に1枚くらいの割合で届くようにしています。

● 効　果

子どもたちにとって，自分宛に手紙が届くことは少ないです。届いた手紙が，自分を認めてくれる内容だったら，うれしいでしょう。

また，想像をしてみてください。ポストに届いて一番に読むのは，おそらく保護者です。子ども宛でも保護者は読みます。その内容が，自分の子を認めてくれている内容だったら，保護者も喜んでくれるはずです。

家庭訪問に行くと，「先生コーナーを作っているんですよ。」と見せてくださることがあります。つたないはがきでも，机の一番見えるところに貼って，大切にしてくれています。

また，私宛に手紙を書いて送ってくれる子もいます。

メールやチャットなどが主流の，デジタルの時代になっています。だからこそ，手紙という時間がかかるアナログが意味を成しているように思います。

価値づけていく具体的な方法⑦　宣伝

活用方法　①　学級開きからすぐの頃，「はるきくんね，去年授業中うるさくて立ち歩いてばかりだったんよ。先生，厳しくした方がいいよ。」などと親切に教えてくれる子がいます。

②　それに対して，「そうなんだ。でもね，先生はその姿を知らないからね。今，すごくがんばっているじゃん。よく発表してクラスのリーダー的存在だよね。」と周囲の子に少し大げさに言います。

● 効　果

子どもたちは，噂話が大好きです。特に悪口などは，大好きです。上のような場面と似たことは，結構あると思います。本人がいなくても，同調してはいけません。あえて，プラスのことを大げさに言います。

直接ほめてもらうのもうれしいですが，自分がいないところでほめてもらったというのを聞くと大人でもうれしくなるものでしょう。

はるきくんは，私がほめていたのを友だちから聞いたようです。はるきくんは，やる気がさらにアップして，１年間学級のリーダーとして本当にがんばってくれました。

宣伝することは，周りの子たちの見方を変えることにも効果的です。教師が，「がんばっているじゃん。」というと，周りの子もがんばりに目がいくようになります。

課題が多い子ほど，周りの見方を変えていくことが効果的です。

10

価値づけていく具体的な方法⑧　学級通信

活用方法

①　写真を活用しながら，子どもたちのよさを紹介していきます。

②　毎日が難しかったら，1週間に一度くらい学級の一人ひとりのよかったことや成長したことを綴ります。「価値づけていく具体的な方法③　朝の黒板を活用して」に書いているようなことを，通信に書いていきます。（山口県・福山憲市先生の実践を追試。ご著書の『一人ひとりを見つめる子ども研究法の開発』（明治図書）に詳しく書かれています。）

● 効　果

学級通信の効果は，計り知れないものがあります。大体，毎年200号を書いてきました。2年間で，1000号を書いたこともあります。（しかし，今は学校の方針で発行することができていません。）

学級通信という紙媒体に，自分の名前を書かれて認められることは，子どもたちにとって大きな価値づけになるようです。3月になると，「200号の通信の中で，112号が一番よかった。」などと教えてくれます。「なんで？」と尋ねると，「自分のことが写真入りでほめられていたから。」と答えます。

保護者の意識を変えることにも，つながります。わが子が一緒に生活しているクラスメイトのことを知らない方も多いです。

学級通信の中で一人ひとりのよさを書いていくと，自分の子以外の欄も読んでくださるようになります。そして，「すごい子だな。どんな子か，参観日に見てみよう。」と関心を持ってくださいます。保護者同士の会話でも，「なっちゃん，自主学習がんばっているんだね。学級通信読んでびっくりしたよ。わが子に見習わさないと。」などの会話がうまれてくるようです。

教師と子どもたちだけではなく，保護者も含めて学級が一つのチームとなっていくことを目指しています。

時には，子どもたちを厳しく叱ったまま帰宅させることもあります。子どもたちが帰った後，私は落ち込むのですが。

学級通信の中には，教師の指導意図や教育哲学などを書くこともあります。それを読んでくださっているので，私の指導意図をくみ取ってフォローをしてくださることもあります。

学級通信は，子どもたちをしっかりと認め，さらには保護者ともつながることができるアイテムです。

ただ，「毎日書かないといけない。」と自分自身を締め付けると苦しくなります。

私は，学級通信を書きながら自分の指導を振り返り明日への指導の作戦を練る時間にしています。「自分のため」と思って書くことが，続けていく秘訣だと考えています。

11

価値づけていく具体的な方法⑨　ノート

活用方法

① 子どもたちが書いたノートの端に一言，メッセージを書いていきます。
② メッセージが難しい時は，はんこを押します。
③ できる限り毎時間行っていきます。

● 効　果

私は授業の中で，ノートを書かせることを大切にしています。もちろん，１時間の中で一度は全員が発表するように意識して授業を仕組んでいます。しかし，子どもたちが１時間の中で一番表現する時間が多いのは，ノートでしょう。

そのノートをどのように書いているか。また，授業中どんな思考をしていたかを見取るのに，毎時間確認することが欠かせません。

毎時間見ることで，教師自身の指導の在り方を見つめ直すことができます。

実際にノートに，「このキーワードが使ってまとめられているのがすごい。」など具体的に認めることができます。

はんこだけだとしても，見られると思うと子どもたちの意識も高まります。また，「ちゃんと見てくれている。」という意識を持たせることにもつながります。

第3章
子ども同士の心が「揃う」指導法

1

子ども同士の関係を「つなげる」

低学年の子どもたちは，「教師に認められタイ」という思いが強いように思います。それが高学年に進むにつれて，「友だちに認められタイ」「友だちとつながりタイ」という思いが強くなっていくように思います。もしかしたら教師に認められることよりも，友だちの中で認められることの方が，子どもたちの中では重要になっているのかもしれません。

学級の中に，しっかりと「居場所がある」。これが子どもたちの力を引き出し，高めていくためには重要になります。いくら力を持った子でも，安心して生活できる場でなければ，力を発揮することはできません。

子どもたち一人ひとりのよさが認められ，子どもたち同士がつながっていることが，欠かせません。

しかし，子どもたちの中には「つながる」ことが苦手な子が多いように感じます。自分から声をかけにくい。男子が女子と一緒に活動をしないことなどが，考えられるでしょう。

教師が意図的に子どもたち同士を「つなげる」ことは，学級の「当たり前のレベル」を高め，成長させていくためには必要です。

2 意図的に「つなげる」

たかしくんは，友だちとつながることを苦手にしていました。学級開きの日，席を立って行うゲームを幾度かしました。しかし，たかしくんは，自分の席から動こうとしません。友だちがやってきても，そっぽを向きます。しかし，その後ろ姿を見ていると，なんだか「照れ笑い」をしているような気がしました。

学級開きから３日後。たかしくんが書いてきた振り返りの文章を読んで思わず，うれしくなりました。「ぼくもみんなとつながりたい。」とだけ小さな小さな薄い字で書いていました。たかしくんを信じてきてよかったと，胸をなでおろしたのを覚えています。

それからも，授業の中などでも子ども同士の関わり合う場面を多く設定していきました。すると自分から，「ゲームしよう。」と私に言ってくるようになりました。

その後も，友だちとのトラブルが起きることもありましたが，表情が変わっていきました。

ただゲームをさせて，関わり合う場をつくりだすだけではだめだと考えています。ゲームをする中で，どんな姿を目指しているのか，具体的に教師がイメージをしておくことが大切です。さらには，よい行動をしている子を価値づけていくことが重要になってきます。

学級開きをしてすぐの時期だから，たかしくん以外の子も友だちと「つながりたい」と思っていながら，不安も感じています。

そこで，自己紹介ゲームをしました。3分間で，できるだけ多くの友だちに自己紹介をしたらよいという単純なものです。

子どもたち同士の様子を，よくよく観察しておき，ゲームが終わると，「すごい人を見つけました。自己紹介を終えた後に，しゅんすけくんは握手を必ずしていました。

ことみさんは目を見て，『1年間，お願いします。』と言っていました。」と，伝えます。さらに，「すずなさんは，しゅんすけくんに握手を求められてどう思いましたか？」とすずなさんに尋ねます。すると，「うれしくなりました。」と答えました。

一番多くの人と自己紹介をした人を認めた後に，「全員と自己紹介をした人？」と尋ねます。すると，3分ではいません。「もう少し時間が欲しい人？」と言うと，多くの子が手を挙げます。そこで，再度時間をあげます。

ここからが，肝心です。しゅんすけくんやことみさんのよさを真似している子を，徹底的に探します。さらには，それを超えることをしている子を見つけだします。

そして，活動後に繰り返し確認を行い，認めることを繰り返していきます。

ただゲームをするだけだと，「楽しかった。」で終わってしまいます。しかし，しっかりと子どもたちに「つながり方」を教えたり価値づけたりすることで，次の活動をする時に生きてきます。

子どもたちが，関わり合う場を意識的に多く設定をして，意図的につながるように仕組んでいくことが，大切です。

ご存知の方も多いでしょうが，マズローの「自己実現論」と言われる欲求を５段階の階層に理論化したものがあります。

その中で，２段階目の欲求が「安全欲求」です。学級という集団の中で，仲間とつながり安心して生活できることは，「安全欲求」を満たすことにつながります。

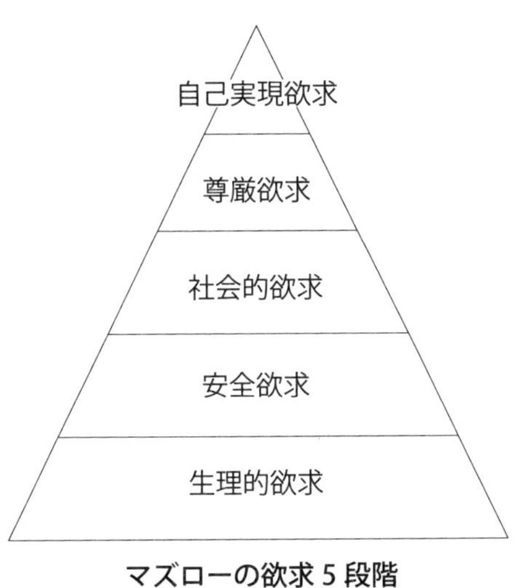

マズローの欲求５段階

「安全欲求」を満たすことで，「仲間から認められタイ」「成長しタイ」という欲求も出てきます。

以下，子どもたちの心をつなげる９つの指導方法を紹介していきます。

3

つなげる具体的な方法①
関わり合う場面をつくる

「単純接触効果」というのを，耳にしたことがありますか？　アメリカの心理学者ロバート・ザイアンスが，発表したものです。

繰り返し接触していると，相手への好意度や印象が高まるというものです。

子どもたち同士も，お互いに関わり合ったり，作業を共にする場面を多く設定したりすることで，つながりが深まっていきます。

活用方法①　朝から「ミッション」指令

子どもたちが登校してくるまでに，黒板に「ミッション」を書いておきます。

学級開き当初は，「10 人にあいさつをしよう。」などです。少しずつレベルを上げていき「15 人と握手をしてあいさつをしよう。」などに変えていきます。

子どもたちは，「ミッション」という言葉が大好きです。嬉々として取り組んでくれます。女子と握手をすることに恥ずかしさを感じている男子も，「ミッション」だから取り組みます。

学級の中の雰囲気に，なじめていないと感じる子もいることでしょう。その子が，なおとくんという名前だとします。名前を利用して，「名前に『な』が入っている子と握手をしよう。」というミッションをだします。当然，なおとくん以外にも「な」がつく子がいます。そのため，なおとくんだけをターゲットにした特別なミッションだとは感じません。

しかし他の子たちは，なおとくんに自分から「握手しよう。」と声をかけます。ミッションを利用しながら，周りの子とのつながりが深まっていきます。

繰り返す中で，男子が女子に声をかけたり，教室に来て仲間にあいさつをしたりするのが，当たり前になっていきます。

活用方法②　朝の会でハイタッチ

私の学級の朝の会は，少し変わっているかもしれません。

朝の会というのは，スポーツでいう準備体操の時間だと思っています。プロの選手でも，必ず試合の前に入念な準備体操をします。

子どもたちもいきなり授業に入っていくと，脳が働いていません。友だちとの関わりも十分にできていない状況では，自己開示もできません。

そこで，朝の会を使って「学びの脳や心」にします。

例えば，あいさつを全力で行います。あいさつの後には，「ハイタッチあいさつ」を行います。

「ハイタッチあいさつ」は，学級の仲間全員と「おはよう。」と声をかけながらハイタッチをしていくものです。

なんでもないことですが，子どもたち同士の関係が悪かったらハイタッチをしません。子どもたちの様子を観察して，子どもたち同士の関係をつかむ，大切な時間でもあります。

また子ども同士の中で，「なんかさとこちゃん，私のこと怒っているのかな。」と不安を抱えながら朝登校してきた子も，「ハイタッチあいさつ」をきっかけに，「勘違いか。」と心を安定させることができます。

それ以外にも，班のつながりを意識しているので，「班でのめあての確認」「班での音読タイム」などを朝の会に取り入れ，子どもたち同士のつながりを深めるようにしています。

4

つなげる具体的な方法②

授業で関わり合う

授業の基本は，一斉指導です。「学び合い」など様々な学習方法がクローズアップされていますが，一斉指導の授業が子どもたちに魅力的なものになっていないと，グループ学習などの効果も低いように感じています。

しかし，子どもたちが「学びたい」と思う一斉指導を展開することで，グループ学習などの効果が高まっていくとも感じています。

活用方法① 1枚のプリントを隣の子と一緒に

百マス計算，漢字学習，社会の歴史人物についてなど，毎日繰り返し学習をさせるものがあると思います。

たまには，隣の子と1枚のプリントを一緒に取り組むと面白いです。

1問ずつ交代で，問題を解きます。そのスピードを，競わせると子どもたちは燃えてきます。

活用方法②　ペア学習

私は１時間の中で，幾度となくペアで話をする時間を設けています。

私たち教師も研修などに行き，「えっ，そうなんだ。」という驚きを感じた際，隣の人に「知ってた？」などと自然と声が出てくることがあることでしょう。子どもたちも同じだと思います。

算数の学習でどう考えたらいいか分からない時，「どう考えるの？」と聞きたくなることでしょう。その思いを大切にしたいと思っています。

ペアトークについても，いくつかの種類があると考えています。

○理解の確認のペアトーク
○考えを共有するペアトーク
○相談のペアトーク
○自分の考えを説明するペアトーク
○協力して考えを深めるペアトーク　など

１時間に一度ではなく，授業の導入では「相談のためのペアトーク」。授業の終末には「理解の確認のためのペアトーク」などと，様々な場で交流の時間をつくることで，理解が深まっていくように思います。

活用方法③　立ち歩いてよし!!

研修に行った際，新しい知見を得て学びが深まるのはもちろんです。しかし，普段は「指導者」である教師が，「学習者」として学ぶことに意義があるように感じています。

どんな価値ある話でも，座学で１日話を聴くばかりでは，私は疲れます。そんな中に，「隣の人と話していいよ。」と言われると気分転換になります。

時には授業の中で，「立ち歩いて，出会った人に自分の考えを説明しよう。」と指示をすることがあります。

隣の席の子だけではなく，他の友だちと関わり合う場面をつくることで，学習も友だちとのつながりも深まっていきます。

そして何より，「立ち歩きたい。」と思っている子に，「立ち歩いてよい」時間をつくることに効果があります。特別な支援が必要な子の中には，１時間座って学ぶことがしんどい子もいます。

そんな子が突然立ち歩くと，子どもたちに「なんで，勝手に立ち歩いているの？」と勝手な行動をする子と見られてしまうこともあります。

しかし，教師公認の「立ち歩きＯK」の時間をつくることで，座って学ぶ時にまた集中して学ぶことができます。

5 つなげる具体的な方法③　よさを認め合う

友だちが認めてくれる，これは子どもたちにとって価値の高いことです。そして，自分のことを「すごい。」と認めてくれる人のことを，「あいつ許さない。」と悪く思う人は少ないことでしょう。

しかし教師が意識して，子どもたち同士が認め合う場や雰囲気をつくらないと，お互いに認める言葉を伝え合うことは，限られた人間関係の中でしかうまれてきません。

私だけかもしれませんが，女子から「友田くん，すごいね。がんばっているね。」と言われると，一気にやる気になります。そして，その子を好きになってしまうかもしれません。（言いすぎかなぁ。）それくらい，認めてくれる相手には好感を抱くものです。

そんな場を，たくさんつくりだしたいと考えています。

活用方法①　朝の宣言，帰りの振り返り

朝の会のメニューに，「今日の宣言」というものを入れることがあります。子どもたちの気持ちが下がっている月曜日などの休み明けに行います。

今日，自分ががんばりたいことを考えさせます。思ったことを他人に伝えることで，意識は高まるそうです。隣の友だちに，今日がんばりたいことを宣言させます。そして，宣言したことができているか，１日そばで観察しておいてもらいます。

帰りの会では，朝宣言したことが実行できていたか隣の子にフィード

バックを行います。

「宣言したように，いつもより手を挙げて発表がんばっていたね。」などと認める言葉をかけます。できていない場合では，「肘が机についていることがあったから，明日は気をつけてね。」などの声をかけます。宣言ができていなくても，声をかけてもらうことで，「自分のことを見てくれていたのだ。」と感じることができます。

隣の子を意識的に見る場をつくり，声をかけ合うことでお互いの力を高め，つながりも深めていくことができ，一石二鳥です。

活用方法② 子ども版学級通信

学級通信で学級の一人ひとりを取り上げ，認める言葉を書いたり，黒板を使ってメッセージを書いたりしていると，子どもたちの中で似たことをしてくる子が出てきます。

学級の全員のよさを，一言ずつノートに書いてきます。そのノートは，印刷して全員に配付します。

私が書く学級通信より，子どもたちの関心が高いです。そして，それを真似てくる子が出てきます。

子どもたちの中で，「認め合う」雰囲気をつくるきっかけにもなります。

活用方法③ 今日の○○くん

菊池省三先生の「ほめ言葉のシャワー」に，似ています。

「今日の○○くん」として，１日注意して観察する子を決めておきます。私の場合は，クラスを３つのグループに分けています。（クラスの人数が多いので。）

そのグループの中で，観察する子を決めています。帰りの会に，グループで集まり，「僕・私が見つけた○○くんのよい所」を発表します。

４月のある日。あきくんは，初めてのほめられる立場で円になっているグループの中心に立っていました。グループの仲間がほめてくれた後，涙を流しています。「どうしたの？」と声をかけると，「僕は，これまでみんなに迷惑ばかりかけてきたけど，こんなにもみんなが認めてくれてうれしい。」と教えてくれました。

この日を境に，これまでより少し仲間に対して温かくなったように思います。配り物などがあると，「僕がやります。」と進んで人のためになろうと動いてくれました。

6

つなげる具体的な方法④　マイスター

当たり前のことですが27人を担任していたら，子どもたち一人ひとり違うよさを持っています。そのよさを，「優れている力」として価値づけていくことで，より力を高め子どもたち同士のつながりを深めていくことになるように感じています。

学級開きをして3日目の国語の授業中。ゆうとくんを，「漢字よく知っているね。漢字マイスターだね。すごい。」と認めました。クラスの中で分からない漢字があると，ゆうとくんを頼って子どもたちが尋ねていくようになりました。

もともとゆうとくんは，漢字を学習する力を持っていました。友だちが頼ってくれることで，さらに自信をつけていき，力を伸ばしていきました。ゆうとくんと他の子たちは，漢字をきっかけにつながりを深めていきました。

活用方法　マイスター認定

私の学級では，得意としていることを「マイスター」と呼んでいます。「マイスター」という言葉を，あるそうじ会社の宣伝の「おそうじマイスター」のように，名人という意味で扱っています。もう一つ，「私の輝くところ」という意味も持たせています。

国語科や学活の時間に，「マイスター認定式」を行います。はじめは子どもたちが，隣の子の輝いていると思うところを見つけて，「マイスター」に推薦をします。

推薦文を読み上げ，「マイスター認定書」を進呈します。

全員が認定書をもらうことで，一気に笑顔になります。うれしいことをされたら，友だちにもしてあげたくなるものです。

認定式を行って以降は，子どもたちが自由に「マイスター認定書」を出せるように教室に置いておきます。

そして，帰りの会などで認定書を渡していきます。

内容は，様々です。「計算が速い」「自分から仕事を見つけて働く」「誰に対しても優しい」などです。

「マイスター認定」を通して，お互いのよさに目がいくようになってきます。

子どもたちは，友だちが認めてくれた「マイスター認定書」を宝物のように大切にしています。

帰宅するなり保護者の方に「今日，宿題マイスターに認定されたんだよ。だから，もっとがんばんないと。」と自慢げに話したということを教えていただくこともあります。

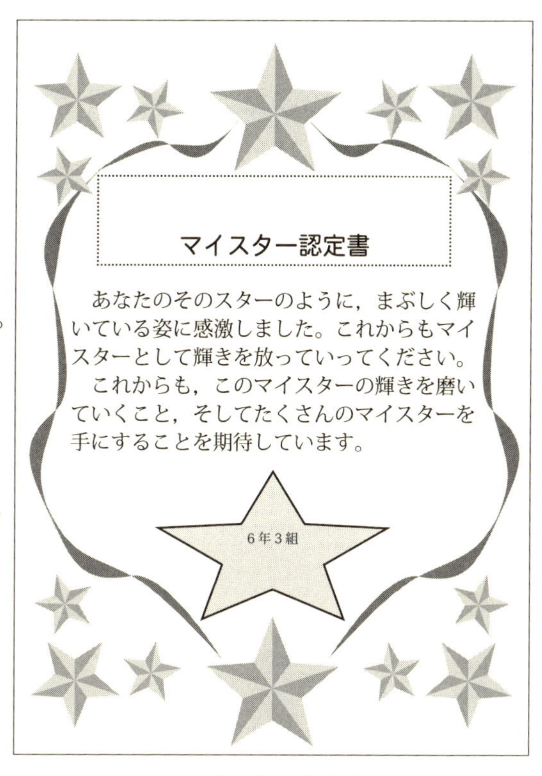
マイスター認定書

あなたのそのスターのように，まぶしく輝いている姿に感激しました。これからもマイスターとして輝きを放っていってください。
これからも，このマイスターの輝きを磨いていくこと，そしてたくさんのマイスターを手にすることを期待しています。

6年3組

マイスター認定書

7

つなげる具体的な方法⑤　ノートに一言

子どもたちは友だちにノートを見られると思うと，集中して授業を聞いたり丁寧にノートをまとめたりするので意欲付けになります。

友だちが見てくれるだけではなく，「分かりやすいノートだね。」とメッセージを書いてくれたら，「もっと分かりやすくしていこう。」とさらなる意欲付けにつながります。

活用方法①　宿題ノートに一言

宿題に対して，教師が○をつけたりコメントを書いたりすることでしょう。時には，子どもたち同士でノートを見合い，コメントを入れる時間を設けると，効果抜群です。

私の学級では，「ノート展覧会」と呼んでいます。机の上にノートを広げておき，全員のノートを見て回ります。その時に，赤鉛筆を持たせます。

「この学習すごい。」「まとめ方が分かりやすい。」「真似した。」などと，メッセージを書かせていきます。時には，アドバイスを書くこともあります。

写真は，子どもたちが１年間に取り組んだ自主学習ノートです。ロッカーの棚から

自主学習ノートを積み上げた自学タワー

天井まで達し，２つ目のタワーもできています。

この年，一番多い子で 74 冊取り組みました。学級全体で 1000 冊を超えていました。

70 冊取り組んだ子に聞くと，「友だちが書いてくれるメッセージがうれしくて，どんどんやろうと思った。」と教えてくれました。

子どもたち同士のメッセージが，子どもたちがどんどん学びたいというやる気の一つの要因になっていたことを感じています。

活用方法②　授業ノートに一言

算数の授業などの終末に，「ノート展覧会」の時間を設けることもあります。

宿題同様，「真似したいノート」などを交流させていきます。宿題以上に，同じ時間に同じ内容の授業を受けてまとめたノートのため，刺激も学ぶことも多いようです。

隣の子と交換をさせると，「授業のポイントをイラストを使いながらまとめているのが分かりやすい。」などのメッセージを書いています。

中には，「線は，定規を使ってひこう。」などのアドバイスを書いている子もいます。次の授業から隣の子のノートを覗きながら，「定規を使ってないよ。」と笑いながら声をかけている姿を目にすることもあります。大体，女子から男子が注意をされるので，照れながら直している姿にも微笑みました。

8 つなげる具体的な方法⑥ **係活動**

私は，「当番活動」と「係活動」を明確に分けています。集団で生活をしているので，1日の中で一人が最低一つは仕事をしないと学級が効率よく回りません。黒板を消す，そうじのふりかえりカードの管理など，毎日ある仕事は一人一役として「当番活動」にしています。

「係活動」は，学級がより成長したり，笑顔になったりする活動としています。レクリエーション係や歌係などです。

活用方法

一人一役も責任をもって意欲的に取り組みますが，それ以上に係活動に子どもたちは燃えます。

私の学級では，子どもたちがつくりたい係をつくることができます。ただし，私に事前に相談に来ることと，「入りたい」と言った子がいたら必ず入れることが条件になっています。

レクリエーション係を発足したいと考えている子がいるとします。私の所に相談に来たのちに，メンバーを募集します。

当然，男子も女子も来ます。人数が多い場合もあります。ここで，子どもたちに考えさせます。

人数が多い場合，どうしたら係のメンバーの意見をまとめることができるか。その時に，「係活動は，クラスのみんなが笑顔になるための活動」という前提事項が重要になってきます。

係の中で，揉めていたら笑顔になりません。役割分担をしたり，あまりに多かったらグループを2つに分けたりして考えていきます。

自分が行いたいと思って入った係だから，途中で投げ出すわけにはいきません。また，「みんなを笑顔にしたい。」と燃えてきます。しかし，ただ「係で盛り上げてね。」と教師が言うだけでは，子どもたちのやる気も低下してきます。

係で話し合う時間を設けること，掲示する画用紙などを準備することなどは，教師が意図的に仕組んでいかないといけません。

「今月輝いていた係」というのを，子どもたちに決めさせるとさらに燃えてきます。他の係が「ライバル」になり，より係活動を充実させようと取り組みます。

休憩時間などにも一ヵ所に集まり，頭を近づけて考えいくことを繰り返していると，仲が深まっていきます。そして，学級全体がまとまっていく一つの起爆剤にもつながっていきます。

ちなみに，私の学級では「昼の会」というのを行っています。帰りの会は，できるだけ短く終わらせたいと考えています。しかし，下校時間なども決まっているので，時間を使うなら「笑顔で帰宅」できるメニューにしたいとも考えています。

しかし，学級で話し合わないといけないことも起こってきます。昼の会で，ご飯を食べながら話し合っていきます。もちろん，重要な案件は，食事もストップして考えます。

その昼の会で，係発表も行っています。係があっても発表の場がなければ，やる気が低下していきます。

例えば，なぞなぞ係なら，ご飯を食べながら，全体でなぞなぞをすることで，クラスの雰囲気が盛り上がってきます。

※誤解がないように書いておきますが，もちろん食べる時のマナーなどはしっかり指導をしています。

9

つなげる具体的な方法⑦
意図的なグループ編成

学級という一つの単位の中にも，生活班や給食当番の班など様々なグループが存在します。

中には，生活班を決めると同じメンバーで，そうじや給食当番などを行う学級もあると思います。同じメンバーでのつながりを深めたいなどの理由からだと推測します。

私は，生活班や給食当番の班など，一つひとつのグループメンバーを分けています。

それは，男女様々な人と関わりを持ち，よさに気づいたりつながりを深めたりしてほしいと考えているからです。

活用方法

意図的に班を編成するためには，子どもたち一人ひとりをよく観察しておかなければなりません。誰とよく一緒に遊んでいるか，誰と意見が対立しやすいか，依存的な仲間はいるのか，リーダー性はあるかなどしっかり見つめることが重要です。

その上で，「Ａくんはリーダーとしてチャレンジしたい思いを持っている。仲間の思いを受け止めてＢくん・Ｃさんと同じ班にしよう。」などと決めています。

時には，「Ｄさんと E さんの関係が少しよくない。２人とうまく関わることのできるＦさんを含めた３人組にして，つながりが深まるようにチャレンジしよう。」と考え，グループを構成することもあります。

子どもたち一人ひとりの様子を観察しながら，意図的にグループ編成を行うことで，効果的につながりを深められます。

つなげる具体的な方法⑧　ゲームで

子どもたちは，ゲームが大好きです。「ゲームをします。」と言った瞬間に，目がキラキラと輝く子もいます。

「男女で手をつなぎなさい。」と指示しても，子どもたちは恥ずかしがって手をつなぎません。

しかし，ゲームの中で「まず，左手をつなぎます。次に，じゃんけんで勝った方が手をたたきます。負けた方は，たたかれないように逃げます。たたかれた方が，負けです。」などと指示すると，躊躇なく手をつなぎます。

ゲームをすることは，子どもたちの心を開放する一つの方法です。

活用方法　私は，朝の会や帰りの会でゲームを行うことが多いです。

朝の会に行うのは，子どもたちの眠たくだるい雰囲気で１時間目の授業に入りたくないからです。やはりゲームを行うと，学級が明るくなります。子ども同士の会話が，自然と弾みます。２～３分の短い時間でもゲームを行うと，学級の雰囲気が変わって１時間目の授業に入れます。

帰りの会に行うのは，笑顔で下校をしてほしいからです。前述しましたが，私の学校は下校時刻が決まっています。そのため，帰りの会が早く終わっても，待たないといけません。どうせなら，早く帰りの会を終わらせて，数分でもゲームをすることで，笑顔で下校してほしいと思っています。

ゲームについては，中村健一先生のご著書がおすすめです。

11

つなげる具体的な方法⑨

教師が宣伝する

第２章でも「宣伝」について触れましたが，人から自分のことを聞くのはうれしいものです。

友だちが自分のことをほめてくれていたことを聞くと，うれしくなります。

活用方法

だいちくんは，ノートを丁寧に書くことを意識して取り組んでいました。休憩時間私の周りには，数名の子が話をしに来てくれていました。

私は，ノートを見ながら話を聴いていました。だいちくんのノートを見ながら私は，「最近，だいちくんのノート丁寧になっていると思わない？」と近くにいたすずなさんに話しました。

するとすずなさんは，「すごく字が丁寧になっている。定規まで使うようになっている。すごいね。私もがんばんなくっちゃ。」と言いました。

次の休憩時間，「だいちくん，ちょっと来てくれる？」と私は声をかけました。そして，小さな声で「さっき先生がノートを見ていたら，すずなさんがだいちくんのノートのことほめていたよ。すごく丁寧ですごいって言っていたよ。やるねぇ～。」と伝えました。すると，だいちくんは満面の笑みです。

中には，すずなさんに「ほめてくれてありがとう。」と言いにいく場合もあります。

当然，だいちくんはやる気になります。さらに，だいちくんとすずなさんの関係も深まります。

第４章

子どもたちの行動が「揃う」ための６つのワザ

1

とにかくほめる

何度も書いていますが，見ようと意識していることしか目に入ってきません。

教師が，子どもたちのよさを見ようと意識していないと，よいことをしていても，見逃してしまうこともあります。

「子どもたちのこんな姿を見たいなぁ。」と考えたら，そのような行動が見られるような仕掛けを考えていくことが大切になります。

私は，授業開始のチャイムと同時に授業を開始したいと考えています。さらに，授業道具は机上に準備され，「今日は何の勉強をするのかな。」と考えて待ってほしいと思っています。

そのため，４月頃は５分休憩の間に教室をうろうろまわりながら，「えっ，もう教科書準備してくれているの。ありがとう。準備が早いなぁ。」などとあえて大きな声でほめています。すると隣に座っている子も，準備をし始めます。

そしてチャイムが鳴る少し前には，号令ができるように黒板の前に立って準備をしています。

授業のはじめに，「５分休憩の間に，準備をしていた人？」と確認をして，できていた子をほめていきます。もちろん，準備をしていない子もいます。この時期には叱ることは，しません。

移動教室などの時にも，「開始のチャイムが鳴った時に，体育館で整列していたらすごいなぁと思うんだけど，みんなできるかな？」と教師がしてほしい行動をそれとなく伝えておきます。そして，チャイムが鳴った時に体育館に整列をしていたら，しっかりとほめます。

こんな子どもたちの姿が見たいということを教師がイメージをして，仕掛けを考えていくことでほめる機会が増えていきます。

もちろん，チャイムが鳴っても整列ができていないこともあります。その場合は，「残念です。途中でおしゃべりをしながら移動をしたり，いつまでも教室で遊んでいる自分勝手な行動をしたりする人がいました。やり直しましょう。」と厳しい口調で注意します。

叱ること，やり直しも「ほめる」ための，仕掛けの一部だととらえています。

体育館への移動をやり直したことで，２度目は静かに素早くできるようになったとします。その時に，「やっぱりみんなはさすがですね。今度は，整列の仕方まで上手でした。」とほめることができます。

子どもたちのマイナスの行動があった時に，「叱る」で終わっていたら子どもたちも「叱られた」というイメージしか残りません。しかし，やり直した後にしっかりとほめたことで，「ほめられた」「成長した」というプラスのイメージで終えることができます。

「子どもたちをどうしたいか。」という具体像を持ち，そのための仕掛けを考えていくことが重要になってきます。

2 モデルを示す

「やりたい。」と思っていても，何をしたらいいのか分からない子も多くいます。

そこで私がよく用いるのが，写真です。

もちろん言葉で，「さとるくんが，床に落ちているゴミを拾っていて先生はうれしかったんだ。」と認めることも効果があります。

しかし何をしたらいいか分からない子には，写真を用いて具体例を示しながらほめていくことで，「あのような行動をしたらいいのか。」と理解できます。

もう一つよく用いるのが，再現です。ペアで話し合い（ペアトーク）をさせていたとします。

なつみさんとりょうたくんは，

・話し合いのはじめにあいさつをしていました。

さらに，

・お互いに向き合って，目を見ながら話し合いをしていました。

そこで，学級全体に，「なつみさんとりょうたくんが，素敵な話し合いをしていたから，今からやってもらうね。どこがいいか見つけてね。」と言います。そして再現してもらった後に，「何がよかった？」と尋ねて，話し合いのし方について価値づけていきます。

3 しつこくリフレインする

前項のなつみさんとりょうたくんの例のように，価値づけても，その後そのままにしていたら，学級全体に浸透をしていきません。「２人はすごいね。」という他人ごとで終わってしまいます。

そこで必ず，再度ペアトークを仕組んでいくことが大切になります。「２人のよかったところを活かして，もう一度みんなでペアトークをしよう。」と指示をします。そして，先ほどよりも傾聴のペアトークになっていたことを認め，価値づけていきます。

少し時間をおいて，授業の後半にも再度ペアトークを仕組んでいきます。次の時間，さらには次の日と繰り返しペアトークを行っていきます。

その時に，ただペアトークを行うのではなく，「子どもたちは，なつみさんとりょうたくんから学んだことができているか」教師は注意して観察をしていきます。そして，メモをしながら聞くなどの２人のレベルを超える子が出てきたら再度，認めることを繰り返していきます。

一度きりの指導で終わりではなく，しつこいくらい繰り返し意識して仕組んでいくことが大切になります。

その際に，少し変化をさせながら繰り返すことで，子どもたちが「またかぁ。」と嫌気を感じることなく進めていくことができます。

4 さらに上を示す

子どもたちが「できた。」と思った時に，さらなる成長ができるように次の一手を示してやることは，とっても重要だと考えています。

学級開きから１週間が経過した，そうじ時間の終わりのことです。ある子が，ぞうきんを両手で丁寧に揃えてくれていました。満足そうな表情でした。そこで，「揃えてくれてありがとう。きれいになったね。でもね，もっとみんながぞうきんをかけやすくなったり見た目が美しくなったりする工夫はないかなぁ。」と声をかけました。

私が声をかけた子と話を聞いていた子で，話し合っていました。そして，「ビニールテープを貸してください。」と言いにきました。「何するの？」と聞くと，「教室の床用，黒板用，机の上用などがごちゃごちゃになっているので，ぞうきんをかける場所を決めます。ビニールテープで分かるようにします。」と言ってくれました。「お願いします。」と任せて出来上がったのが，右の写真の様子です。

写真では伝わりにくいかもしれませんが，ビニールテープも複数の色を使い分かりやすくする工夫をしています。

子どもたちが工夫をしたぞうきんかけ

そしてそうじが終わってみんなが教室に帰ってくると,「ぞうきんかけをみんながやりやすくなるように，ビニールテープで色分けしました。窓ふき用は青色，台ふき用は緑色，……です。気を付けてかけてください。」と呼びかけてくれました。

今回は，声をかけた子が自分たちで工夫できると思ったので，具体的にどうしたらいいということを言いませんでした。

子どもたちが,「できた。」と感じやる気に溢れているところで「まだ上があるよ。」と声をかけることは効果的だと感じています。

教師の予想を超える子どもたちの姿が見られるのは，うれしいことです。しかし，すべてを子ども任せにして待っていたのでは，高まってきません。「まだ上がある。」という道標を示すことで，子どもたちは高まっていくのではないでしょうか。

5

あいまいな指示を出す

学級のレベルが高まってくると，あえてあいまいな指示を出します。ある日，教室の中の物の置き方などが乱れていました。始めのころは，「ロッカーや本棚が乱れているね。ゴミも落ちているね。整えましょう。」と指示をしていました。

子どもたちのレベルが高まってくると，「なんだか教室の中の様子が，いつもと違うと思うんだよね。一人一つは，整えましょう。」と指示をします。何をしたらいいか，また教師が何のことを言っているのか分かりにくいです。つまり，子どもたちが考えないといけない状態をつくります。

整え終わったら，「２つ以上のところを整えた人？」と尋ねます。そして，「１つと言われて２つもできることは，すごい。」と認めます。言われたことをすればＯＫではなく，さらに上を目指してほしいと考えているからです。

さらに，「何をしたの？」と尋ねます。すると，教師が思っていなかったことをしている子もいます。ファイルの置き方を出席順にした子や鉛筆削りにたまっている削りかすを捨てた子など様々です。

発表させることで，何をしたらいいか分からなかった子の次の時のヒントにします。さらに，言われたことをすればＯＫではなく，「そんなこともするなんてすごい。」と認める場にもなります。

物の置き方などだけではなく，様々な場でしつこく繰り返していきます。「今の教室移動の仕方，残念だね。何がいけないか考えてやり直しておいで。」と言います。

すると，移動中にしゃべってしまったなど誰もが思いつきそうなことではなく，「いすを机の中に入れていなかった」「次の時間の準備をしていなかった」などのレベルの高い気付きをする子が出てきます。

その子をしっかりと認めていくことで，次に移動する時は，机の中にいすを入れたかなと確認をすることが，学級の当たり前となって，学級集団のレベルが高まっていきます。

6

必ず評価する

子どもたちが，望ましい言動をしていたらしっかりと認めます。望ましくない時は叱ったりやり直しをさせたりして，望ましい言動になるように指導をします。

これらは当たり前のことのようですが，重要なことです。

子どもたちが創意工夫を行い，ぞうきんかけを美しくしたのに，教師の反応が何もなかったら「しない方がよかったのかな。」と子どもたちは感じてしまうでしょう。そして，やる気に溢れて取り組む姿や考えて動く姿は，だんだん見られなくなっていきます。

右は，授業の後に机の上にたまっている消しゴムのかすを集めて捨てに行こうとしているところです。

私は，「次の授業の準備をしよう。」と声をかけました。私の中には，消しゴムのかすを集めて捨てに行こうという考えはありませんでした。

しかしこの子は，「次の時間がテストだから机の上に消しかすがあると，テストを受けにくい」と考えたようです。こういう教師の想像を超える行動が見られると，うれしくなります。当然，この子の姿を次の時間の最初に認めました。そのことにより，「消しゴムのかすを床に落とすのではなく，集めて捨てに行く」という価値観が，学級の当たり前になりました。

しっかりと，子どもたちの姿を見逃さないで認める。しっかりと考えさせる。そういう営みを繰り返していく中で，教師の想像を超える行動が見られるのではないかと考えています。

一つひとつは小さな積み重ねですが，やがては子どもたちの姿という大きな力として現れてくるように感じています。

第５章

当たり前のレベルが「揃う」授業づくりの方法

1

授業で当たり前のレベルに導く方法①

授業開始の準備

授業のスタートが，その1時間を決めると言っても言いすぎではないでしょう。せっかくやる気いっぱいに号令をかけても，その後に「教科書が出てないよ。出しなさい。」などのマイナスの指導をしてしまうと，子どもたちの高まっていたやる気も一気に下がってしまいます。スモールステップ方式で「揃う」レベルを①から⑤へと高めていくことで，気持ちよく授業のスタートを切ることができるようにします。

「揃う」具体的イメージ

机上に教科書やノートが用意されています。ノートには，下敷きが入っており，日付が書かれています。さらに，本時に何の学習を行うか一人ひとりが見通しを持ちながら待ちます。

● そのレベルに導くための指導方法の一例

レベル①　本時の終わりに，机上に次時に必要なものを準備しています。

レベル②　教師の指示なしで，机上に必要なものを準備しています。

レベル③　ノートに下敷きを入れています。

レベル④　日付などをノートに書いています。

レベル⑤　前時の学習を振り返ったり，本時の見通しを立てたりしています。

レベルを上げていくために，できている子を見つけて認めていきます。

例えば，レベル①の指示を１週間くらい続けていきます。授業の最後に次の時間の準備をしてから休憩することを，子どもたちの「当たり前のレベル」として揃えていきます。

ある日，次の授業の準備の指示をしないで授業を終えます。指示がない中でも，習慣になっていて次の時間の準備をしている子がいます。その子を見逃さないで，認めます。学級全体の当たり前のレベルが上がってきた頃に，「たいきくんは，机の上に準備しているだけではなく，下敷きを入れているよ。すごいなぁ。」と次のレベルを示していきます。

いきなりレベルを上げるのではなく，学級全体が高まってきている頃に，もっと上があることを示していきます。

レベル①を全員に経験をさせておくことが大切になります。どのような準備をしておいてほしいと教師は考えているのか，どこに何を準備しておけばいいのかを経験させて共有しておく必要があります。

2

授業で当たり前のレベルに導く方法②

授業開始の時点

チャイムと同時に授業を開始します。当たり前のことのようで，難しいことです。遅れて席に帰ってくる子に合わせていると，開始時刻を守っていた子がやる気を失っていきます。

チャイムと同時に授業を開始するのを当たり前にします。授業の準備同様，スムーズにスタートをさせるために当たり前のレベルを高めていく必要があります。

「揃う」具体的イメージ

チャイムが鳴ると同時に，号令をかけます。その際には，机上にノートや教科書が準備されており，授業内容にすぐに入っていける状態にしたいです。

さらに，号令をかけることの意味をしっかりと考えさせます。号令は，授業者と学習者が共に学習を深めていくためのあいさつです。また，休憩時間と授業時間の心の切り替えを行うものです。そのため，号令をかける際のあいさつも，ハキハキとした声で学級全体が揃ったものにしたいです。小さな声で，「これから～はじめま～すぅ～。」のようなダラダラした声では，「勉強するぞ。」という気持ちにはなりません。

● そのレベルに導くための指導方法の一例

①　教師が時刻を守る

まずは，率先垂範です。授業開始の１分前には，子どもたちの前に立っています。その時に，子どもたちの授業準備の様子や子ども同士のつながりを見ておきます。そして，全体のレベルを引き上げる行動を行っていた子を，しっかりと認めていきます。教師ができないことは，子どもたちもやりません。

②　教師が号令をかける

４月は，教師が号令をかけます。まずは，チャイムと同時に号令をします。次に，ハキハキとした声で号令をかけます。

「これから１時間目の授業を始めます。」という号令の後に，「はいっ。」や「お願いします。」など子どもたちが声を出す場面があります。その時，ダラダラとした声だとやり直しをさせます。また，できている子を認めていくことを繰り返していきます。これを繰り返していくことで，子どもたちの時間を守るという意識が大きく変化していきます。

③　号令リーダーに任せる

時刻を守ること。さらに，ハキハキとした声であいさつをすることが当たり前になったころ，号令リーダーを任命します。

特にハキハキとしたあいさつができる子に，「気持ちのよいあいさつをしているけど，号令リーダーやってみる？　でも，毎回時刻を守らないといけないし，ハキハキとした声で号令しないといけないし，難しいよ。」などと少し子どもたちのやる気を揺さぶります。そして，「やらせてください。」という子どもの言葉を信じて，任せていきます。

号令という，なんでもないことですが，「リーダー」という特別感を持たせることで，任命された子は大きなやりがいを感じていきます。

他の子も，号令リーダー以外のリーダーになろうと取り組みます。

3

授業で当たり前のレベルに導く方法③　姿勢

姿勢は，心のありようを表していると言えます。授業中の姿勢がよければ，学習内容も深まっていきます。しかし，一人でも机に突っ伏した状態でダルそうにしている子がいると，他の子も授業への気持ちが下がっていきます。

正しい「姿」で，授業へのやる気の「勢い」を加速させていけるようにしたいものです。

「揃う」具体的イメージ

両足は，床にピッタリとくっ付いています。いすの背もたれを使わずお腹に力の入った立腰（りつよう）の状態です。肘を机につかず，太ももの上に手を置いています。これを，目指していきたいです。

朝礼や移動教室など場所が変わってもできるように，高めていきたいです。

● そのレベルに導くための指導方法の一例

①　合言葉

「足はペッタン。背中はピン。お腹と背中にこぶ一つ（机とお腹の間，背中と背もたれの間ににぎりこぶしが一つという意味）」という合言葉で，号令の時などに繰り返し確認を行っています。授業の中でも繰り返し，「足ペッタンできている？」と確認をしたり，「頭の位置が高いなぁ。

やる気を感じる。」などと認めたりしていきます。

②　見える化

子どもたちの姿勢をとっている様子を，写真に撮ることは効果的です。子どもたちは，教師が乱れていると思う姿勢でも「自分は良い姿勢ができている」と思っていることがあります。そのため，自分自身で周囲からどう見えているかを確認させることはとても意味があります。

朝礼などに行った際にも，子どもたちが座っている様子を写真で撮っておきます。そして，「教室だけではなく，他の場所でも両足を揃えて座って，頭も高い位置ですごいなぁ。」と認めていきます。

③　あえてだらけさせる

「良い姿勢をしなさい。」と指示することはあっても，「自分の一番悪いと思う姿勢をしなさい。」と指示することは少ないと思います。子どもたちに言うと，「えっ。」と戸惑います。日頃姿勢の悪い子ほど，戸惑います。教師が，「それでは姿勢が良すぎる，もっと悪くしなさい。」などと言うと戸惑いながらも，笑顔になります。机に突っ伏している状態のまま，「では，授業を続けようか。」と進めていきます。

5分くらい経った時に，「そろそろ自分の最高だと思う姿勢に戻そうか。」と言うと，日頃より良い姿勢になります。さらに5分くらい経った時に，「悪い姿勢と良い姿勢，どちらが授業に集中できた？」と尋ねます。子どもたちは，「勉強する気にならなかった。」「なんか，ダラダラして嫌だった。」などと答えます。子どもたちの思いをシェアした所で，「だから，姿勢を正すことは大切なんだよね。これからも続けていこうね。」と伝えます。

それ以降，学級全体の姿勢が揃ってきます。

あえてだらけさせる指導は，様々な場で応用が可能です。だらけた返事・だらけたあいさつ・だらけたそうじなどです。

子どもたちに両極を体感させることで，全力で取り組んだり，正しいことを行うことの大切さを感じ取ったりします。

4

授業で当たり前のレベルに導く方法④
手を挙げること

一斉授業の中で，挙手して発表をすることは多いです。学級の何割が手を挙げるか。どんな手の挙げ方をするか。授業を進めていく上で，重要なポイントの一つです。

私は授業をする時に，「リズム」を大切にしています。教師の問いかけに対して，子どもたちが指先まで伸ばしピーンと手を挙げて発表することはリズムをうみます。

「揃う」具体的イメージ

まずは，全員が手を挙げることです。次に，肘・手首・指先の３点が天井を突き刺すように一直線に伸びた挙げ方をしていることです。さらに，「発表をしたい」と感じる目力をしていることです。

● そのレベルに導くための指導方法の一例

①　とにかく発言する場面を多く設定する

子どもたちは，「発表をしたい」という願いを持っています。その証拠に，学期の始めにがんばりたいことを考えさせると，「たくさん発表をできるようになりたい。」などと書いている子が多くいます。

では，なぜ手を挙げない子がいるのでしょうか。理由として，発表をして間違って笑われたなどの失敗経験が考えられます。他にも，恥ずかしさを感じていることも考えられます。そこで，とにかく全体の場で発言する機会を多く設定します。

例えば社会の授業の導入で，フラッシュカードを行うとします。まず，教師が読んだ後に全員で読んで，その後カードに書かれていたものを一人ずつに答えさせせます。その時もリズムよく進んでいくように，当たる順番などを席順などで決めておきます。

挙手して発表する前の段階として，学級の中で発言することへの抵抗感を下げていきます。

② 手を挙げない理由を問い，追い込む

答えが分かっているのに，挙手しない子がいます。その状態を教師が見逃していると，「言わなくていいんだ。」ということを教えていることになります。繰り返していると，発表をする子と聞いている子に分かれてきてしまいます。発表者が決まってしまうと，学級のリズムが乱れてきます。全員が手を挙げることを当たり前にしないと，どんどん手を挙げない子が増えてきます。

そうならないように，あえて誰でも分かるような発問をします。例えば６年生に対して，「国語」と書き「読める人？」と問います。そこで手が挙がらない子に対して，「手が挙がらない理由を聞こう。１番，読めない。２番，読みたくない。反抗期です。３番，休憩中に手を強く打って挙げたくても挙げられない。どれ？」と聞きます。すると，手を挙げていない子も周囲の子も笑顔になり，手を挙げるようになります。

ここで，「分かっているなら，手を挙げなさい。」と叱る指導を行うより，少しユーモアを交えて指導をすることがカギになります。それ以降，「手が挙がらない理由を聞こうかな？」と言うと，慌てて手が挙がってきます。

③「肘・手首・指先が一直線。天井を突き刺す」

当たり前のレベルを高めるためには，合言葉を作ることは効果的です。私の学級の挙手についての合言葉は，「肘・手首・指先が一直線。天井を突き刺す」です。

もちろん，繰り返し確認をしたり，できている子を認めたりすることが重要になります。

補足情報

もちろん，手が挙がりにくい内容もあります。

休み明けや授業の導入などに，全員手を挙げることができる発問を意図的に行っていくことが，カギになります。簡単な発問に対して挙手しない場合には，それを許していてはいけません。

5

授業で当たり前のレベルに導く方法⑤

ノートの書き方

まとまっている学級，学力が高まっている学級の多くは，ノート指導が細かくされているように思います。そして，見直した時に分かりやすいノートが，書かれています。

「揃う」具体的イメージ

まずは，学級全体で書く時の基本的なルールの徹底が図れています。日付の書き方や線の引き方，色鉛筆の使い方などの約束事が揃っていることが挙げられます。

次に，黒板に書かれたことを写すレベルから自分で考えたことをメモするレベルに高めていきたいです。

そして，ノートを「書かされている」という感覚ではなく，「自分の学習を深めるために分かりやすく書きたい」という感覚の子どもたちにしていきたいです。

● そのレベルに導くための指導方法の一例

① 目指すノート像を示す

子どもたちの中には，ノートを書くことはめんどくさいと考えている子もいます。

そこで，４月の段階で，「これまでの先生の担任してきた子のノート，こんな感じでまとめていたよ。この子は，ノートを丁寧に書いていたからよく勉強ができていたよ。」など簡単なエピソードを交えて紹介をします。そして，「こんなノート書きたくない？」と子どもの気持ちを揺さぶります。

その後に，日付を書く位置や赤・青鉛筆を使う時の約束事などを確認していきます。ここで，全員が同時に経験をすることが重要になります。

②　子ども相互で見合う

①で教師が書き方を説明しながら書かせたノートを，授業の終末に見合う時間を設定します。同じ指示のもと，書いたノートです。見て回ると，「定規をちゃんと使っている方がきれい。」「余白をしっかりとる方が見やすい。」などの発見を子どもたちがします。その発見を，書いた本人に伝えて認めていきます。認められた子は，「次もやろう。」とやる気アップ。発見した子も，「次は自分も友だちのようなノートを書こう。」とやる気がアップします。

③　型を破る

「自分にとって分かりやすいノートを書く」という意識が学級で当たり前になってくると，教師が板書していないことをメモする子が出てきます。

そのノートを，コピーして配付します。そして，「さやかさんのノートのどこがいいと思う？」と問います。「先生が書いていないことも書いている。」などの意見が出てきます。

そこで，「自分が大切と思ったことを書けるのは，レベルが高いね。」と認め，教師が書いたことを写すレベルから次のレベルに高めていきます。

自分で考えて書くようになると，自主学習ノートや社会科の授業などで書く新聞などのまとめ方も格段にレベルが高くなります。

ノートをまとめる際に，少しイラストを描くだけで「また見たい。」と思うノートに変身します。子どもたちも笑顔でノートをまとめていきます。

ノートを掲示しておくことも，効果的です。私の学級では，画用紙にゴムを取り付けたものに，ノートを挟んで掲示しています。簡単に作ることができ，いつでも気軽にノートを掲示することができます。

■■■■はゴムです。太いものがよいです。
両サイドをホッチキスで止めます。

授業で当たり前のレベルに導く方法⑥

活動が終わったら

指示を行う際に，「終末を示す」ことは重要です。しかし，２月や３月になっても教師の指示なしでは何をして待っているとよいか分からなかったり，遊んでいたりするのでは，残念です。

授業は，子どもたちの力を高めていくために行っているものです。そう考えると，指示がなくても時間を見つけては多くの問題にチャレンジをしたり，ここまでの授業のポイントをノートにまとめたりするなど，考えて動ける子に育っていってほしいです。

「揃う」具体的イメージ

教師が指示したことや活動が終わったら，練習問題にチャレンジをしたりノートまとめをしたりすることを目指します。

● そのレベルに導くための指導方法の一例

①　できている子を認める

算数で５問の練習問題を終えた後に，見直しをしたり自分で考えた問題に取り組んだりしている子が必ず学級に一人はいます。

その子を取り上げて，「自分の力を高めるために，時間を惜しんで取り組んでいる姿は，美しい。」と認めます。

②　真似した子も認める

すると始めは一人だったのが，次の時には数人になっています。ここで見逃してはいけません。「さっき，けんくんのことを先生がほめたのを聴いていて，すぐに真似をした龍くんもすごい。友だちのよいところをすぐに取り入れることができるのはすごいよね。」と認めます。

③ しつこく繰り返す

①や②を繰り返していると，学級の半分以上の子が取り組むようになってきます。残り半分の子もやることが当たり前のレベルに，引き上げていきたいです。

この時に，「やりなさい。」と指導したらやりません。そこで，「今の問題を終えて，プラス１をやっていた人，手を挙げましょう。」と言い，確認をします。そして，「やっていた人は，ノートにイラストを描きましょう。」と言います。

ちなみに，私の学級では指示された以上のことを考えて行うことを「プラス１」と呼んでいます。

子どもたちは，イラストをノートに描くことが大好きです。イラストを描いていいと言うだけで，「やったぁ。」と喜びます。その時に，「友だちのよいところを真似していた人だけ，特別ですよ。」と言い，イラストを描けることに特別感を持たせます。

次に同じような場面があると，先ほどプラス１をしていなかった子も，取り組むようになります。そこで，「さっきやっていなかったのに，すごい。うれしいなぁ。」などと認めていきます。

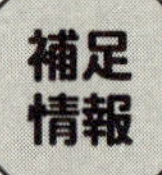

プラス１を行うことが「当たり前のレベル」となってくると，与えた指示を終えるスピードも速くなってきます。速くなってきたところで，「もちろん，３回見直しをしましたよね。」などと声をかけ，速く・そして確実に取り組むことを押さえることも欠かせません。

第６章
当たり前のレベルが「揃う」学級経営の方法

1

学級で当たり前のレベルに導く方法①　**持ち物**

鉛筆，消しゴム，下敷き，名札など，家庭から学校へ持ってくるものはたくさんあります。基本的に忘れ物があっても，私は厳しく叱りません。

もちろん，学ぶ者として授業に最低限必要なものを準備することは，当然であると指導はしています。しかし，教師も忘れ物をすることはあります。それに，持ち物を準備したくてもできない理由があるのかもしれません。

私は，鉛筆にしてもいくつも用意をしています。子どもたちが「忘れました。」と正直に言いにきたら「どうぞ。」と貸しています。優しく「どうぞ。」と渡される方が，「次，忘れないようにしよう。なんだか，恥ずかしい。」と思うのではないかと思います。

「揃う」具体的イメージ

授業に必要なものを忘れることなく持ってきています。もし忘れた場合には，正直に「忘れました。」と言いにくる状態です。

● そのレベルに導くための指導方法の一例

①　持ち物を準備する意味を伝える

授業開きの際に，「学習者」としての心構えについて話をします。その際に，私も「授業者」として１時間の授業のためにその倍以上も時間をかけて準備をしてきていることを，ノートを見せながら説明をします。そして，みんなが勉強が分かるように全力で取り組むことを約束します。

子どもたちには，「学習者」として最低限授業に必要なものを準備してきてほしいことを伝えます。

同時に，忘れた時には授業前の休憩時間までに正直に言いにくることを伝えます。

②　ミスを繰り返させない

叱らないと書きましたが，「忘れることが当然」のような雰囲気を感じた時には，厳しく叱ります。忘れることは，誰でもあります。しかし，それが繰り返しになるといけません。忘れた時には，どうするのかを明確にさせています。

例えば，コンパスを忘れたとします。忘れたことを伝えにきた子に，「どうしたら明日忘れない？」と投げかけ，考えさせます。そして，「帰宅後すぐに入れる。」や「連絡帳に書く。」など答えます。

次の日，持ってきたか確認をします。ここが，重要だと考えています。持ってきていたら，「同じミスを繰り返さなかったね。今度から，連絡帳に書いておいたら忘れないね。」と認めることができます。

一方忘れていたら，より忘れない方法を考えさせないといけません。そして，どの方法だったら自分は忘れ物

をしないかを気付かせることが大切になります。

コンパスを持ってくる場面は，もうないかもしれません。しかし，毎日何らかのものを持ってきます。その時に，意識して準備をできる子になってほしいと願っています。

補足情報

授業者として，家を出る時に子どもたちが忘れ物をしていないか何度も確認をしたくなるような授業を目指しています。もし算数の授業が子どもたちにとって魅力的で，「コンパスを忘れたら困る」と感じていたら，何度も何度も確認をして家を出ることでしょう。

「持ってきなさい。」「なんで忘れるの？」と叱ることは，簡単です。しかし，「なんで子どもたちは持ち物が揃わないんだろう？」と考えると，子どもたちの心や家庭環境なども見えてくるように思います。

2

学級で当たり前のレベルに導く方法②　下駄箱

「揃う」という言葉で，一番思い浮かぶのが下駄箱のシューズの入れ方かもしれません。

下駄箱は，学校の顔です。朝登校して一番にすることが，靴を履きかえることです。下校前の最後にすることも，靴を履きかえることです。

その最初と最後を落ち着いて，「揃う」ことができたらきっと他のこともプラスへ向かっていくのではないかと思います。

「揃う」具体的イメージ

シューズを揃えて入れています。そして，揃える時には「片手」ではなく「両手」で揃えます。もし，隣の靴が揃っていなかったら，自然と「揃える」子になってほしいです。

● そのレベルに導くための指導方法の一例

①　学級開きの後に下駄箱へ

学級開きの後に，下駄箱の場所の確認をしに行くことがあると思います。その時に，下駄箱での靴の入れ方の説明をします。

ちなみに，私の学級では棚のふちにかかとを揃えておくように指導をしています。

② 写真を撮る

子どもたちが下校をした後に，写真を撮っておきます。次の日の朝，登校してきたら子どもたちが写真を見ることができるように黒板に貼っておきます。

その時に，写真の中に○・△・×をマジックで書きこんでおきます。

登校すると，「私のどれ。やったぁ○だ。」という喜びの声。「え〜っ揃えたと思ったのに。」という悔しがる声が聞こえてきます。

これだけで十分です。特に，「揃えてないでしょう。」などと叱る指導はいりません。

毎朝，下駄箱の様子を写真にして，黒板に貼ることを１週間も行っていると，全員が「○」の状態になります。そこで，「全員が１週間でできるのはうれしいなぁ。すごいクラスだね。」と価値づけをします。

しかし，子どもたちは慣れてくると乱れてきます。乱れを感じた頃にまた，写真にして貼っておきます。

学級開きの日の下駄箱の様子

③　すごい人紹介

朝，子どもたちを下駄箱であいさつをして迎えながら，さりげなくどのような様子で靴を入れているか観察をしておきます。そして，入れている様子を写真におさめておきます。

「あきらくんの靴の入れ方すごいなぁと思ったんだけど，どうやっていたと思う？　片手ではなく，両手で入れていたんだ。なんだか，気持ちいいよね。」と紹介をします。他にも，隣の人の靴を揃えていたり，傘立てをきれいにしたりしている子なども見つけたら紹介をします。

補足情報

靴だけではなく，傘立てについても当然指導をしています。下は，６年生の例です。朝登校して，自分の学級を揃えた後に他の学級の傘立てにも目を向けて，自主的に揃えている様子です。

これも写真に撮り，もちろん学級で紹介をしました。

「揃う」にこだわることで，この子のような周囲へ目が向き，人のために進んで働ける子になってほしいと思っています。

3

学級で当たり前のレベルに導く方法③

教室への入り方

子どもたちが教室に入ってくる瞬間は，「子どもたち観察」において重要だと考えています。家庭から学校までの間は，まだまだ「私の表情」をしています。それが学校という多くの人と同じ空間で学ぶ「公の表情」に変わります。

子どもたちが気持ちのよいあいさつをすることはもちろん，子どもたちが抱えている背景にも目を見張っていきたいです。

「揃う」具体的イメージ

教室に入る前に，一度立ち止まってあいさつをして入室をします。また，移動教室などで他の教室に入る際にも一度立ち止まってあいさつをして入室をします。

友だちの家に行った時には，あいさつをして入ることを指導されると思います。それと同様で，他の教室などに入る場合もあいさつをするようにさせていきたいです。

● そのレベルに導くための指導方法の一例

①　まずは教師が全力あいさつ

子どもたちが教室に来る前に，教師が必ず教室で待っておきます。朝，子どもたちが教室に入ってくる瞬間は，ゴールデンタイムだと考えています。

もしかしたら，叱られて登校しているのかもしれません。兄弟喧嘩をしてきたのかもしれません。登校してくる表情を毎日観察することで，子どもたち一人ひとりに寄り添った指導が可能になると思います。

教室で子どもたちが登校してくるのを待ち，「おはようございます。」と全力であいさつを行います。繰り返していれば，あいさつをしなかった子も「おはようございます。」と小さな声でも返してくれるようになります。

②　今日の No. 1

朝の会で，「くりゅうくん，朝教室に入ってきたように再現してくれる？」と言い，実演をしてもらいます。そして学級全体に，「どこがよかったと思う？」と投げかけます。

「教室中に響き渡っていた。」「礼もしていた。」などの意見を，教師が価値づけていきます。

全員に，「では，くりゅうくんのようにやってみよう。」と声をかけ，その場でやらせます。

③　あいさつ勝負

１ヵ月くらい経った頃に，「みんなよくあいさつするようになったけど，まだまだだね。先生の方が先にやっているもんね。先にあいさつをする方がいいんだよ。」と子どもたちを挑発します。

「先生と勝負しようか。先に相手に届く声であいさつをした方が勝ちね。もしクラスの半分以上が勝ったら，みんなの勝ちね。明日の朝から勝負しよう。」と言います。子どもたちはゲームが大好きです。

ゲーム性を取り入れながら，あいさつをすることへ意欲を持たせます。

（※大阪府・金大竜先生の実践を追試）

④　他の教室でも

音楽室などの移動教室，さらには体育館へ入室・退室する際にも，立ち止まってあいさつすることを指導します。

ここでも，一度指導を行います。それ以降は，子どもたちのすることを認めます。できていなかったらやり直しを繰り返していきます。

補足情報

「率先垂範」です。教師がいくら「あいさつをするように。」と指導したり，「立ち止まってあいさつをしよう。」と指導したりしても，教師自身ができていなかったら子どもたちはしません。

教師から「おはよう。」のあいさつ。さらには，「たいきくん，気持ちのいいあいさつをありがとう。」などの「あいさつ＋(プラス)一言」を行っていく中で，子どもたちの身に付いてきます。

4

学級で当たり前のレベルに導く方法④

ランドセルや持ち物のロッカーへの入れ方

教師が指導するばかりではなく，子どもたち自身が気づいて実行するように育ってほしいと思っています。

「揃う」具体的イメージ

自分自身のロッカーへの入れ方はもちろん，隣のロッカーなどにも目を向け，揃えることができるようになってほしいです。

また，水筒の紐を垂らしておくのではなく，水筒に巻きつけて，次に入れる人が入れやすいように考えるようになってほしいです。

水筒を入れている様子

● そのレベルに導くための指導方法の一例

① 収める場所を示す

ロッカーに片づけるものは，たくさんあります。体操服，体育館シューズ，シューズ袋，絵の具セット，音楽セットなどがあるでしょう。

整頓ができない子は，どこに何を入れたらいいか分かりません。同じ場所にたくさんのものを入れるから，整頓ができません。また，全体として乱れて見えてしまいます。

そこで，ランドセルを入れた右横に体育館シューズを入れます。絵の具セットは，別のロッカーに入れるなど場所を指定します。

週の最初に集めて，週の最後まで使うことのないシューズ袋などは全体で集めて置いておきます。

これらをするだけでもロッカーがすっきり見えてきます。

私の学級もそうですが，学級の子どもたちの数が多いとロッカーが足りないこともあります。

そんな時には，下の写真のような100円均一に売っている籠を準備して特設のロッカーをつくるとよいです。

② レベルを上げるために考えさせる

この写真は，４月末の頃です。籠には体操服を入れています。一つの籠を２人で使っています。フックには，音楽セットをかけています。

体操服の入れ方も，袋の紐が籠から垂れないようにこだわって入れるように成長して

体操服を入れている様子

きています。

そこで，「先生，みんなロッカーへの入れ方が上手くなったと思うんだけど，もっとレベルを上げられると思うんだよ。どうしたらいいと思う？」と投げかけ，考えさせます。

すると，「音楽セットを入れている袋が，だらっと垂れている。」などの意見が出てきます。

自分の道具を入れておけばいいではなく，どう入れておくか，どのような置き方をすると「美しく」見えるかまで，こだわらせていきます。

写真を使って子どもたちに提示して考えさせるのは，ある場面での指導の一つです。子どもたちに身に付けてほしいのは，「ずれているな。」と普段の生活の中で感じたり，「ずれているなら，直しておこう。」と考えて行動に移したりする態度です。

そのために，しっかり考えさせていきたいです。そして，自分なりに考えている子を見つけたら，しっかり認めていくことが欠かせません。

5

学級で当たり前のレベルに導く方法⑤

宿題・提出物の出し方

物の置き方を通して，心が見えます。

宿題をさせる一つの理由は，社会人になった時に「当たり前に」できるようにするためです。その練習だと考えています。その当たり前とは，期日を守ることであったり，自分が行ったものを見てくださる人が見やすいようにすることです。

「揃う」具体的イメージ

折角やってきた宿題を，「ただ出せばいい。」という心で出すのと，「見てください。お願いします。」と思いながら出すのでは，出し方や置き方まで変わってきます。

抱いている心は，物の置き方として相手に伝わるように思います。やはり見てくださる人が見やすいように，方向を揃えて置いてほしいものです。

● そのレベルに導くための指導方法の一例

①　直接教師に渡す

「③　教室への入り方」の時に書きましたが，朝の始業までの時間は「ゴールデンタイム」です。登校する子を教室で迎え，行ってきた宿題をすぐに教師に出させます。

その時に，2回目のコミュニケーションを図ることができます。「丁寧に書くことができたね。」「昨日苦手にしていた問題が，しっかりできているね。」などの声をかけることができます。

さらに，始業までの間に宿題を見ることができます。授業中宿題を見ることを気にしたり，休憩時間を使って見たりすることがなくなります。

授業中は授業に集中することができ，休憩時間は子どもたちと関わる時間にすることができます。

②　教師がいない時の出し方

欠席者の電話対応などで，教室にいられないこともあります。そんな時に，子どもたちがどんな状態で提出物を出しているか注意して観察します。

教師の思っているような出し方なら，「すごい。気持ちいい出し方だね。」と認めます。ずれているようだったら，朝の会までそのままにしておいて，「ノートの置き方で，何か気付く人いない？」などと考えさせて，やり直しをさせます。

物の置き方を通して，相手を思いやる心を育みたいです。

我がクラスの子たちは，こんなうれしい気づきもしてくれます。

例えば，「○○の出欠について」など参加の有無について家庭から学校へ提出物があります。それを出していく時に，「先生，名簿順の方が整理しやすいですよね。」と気づいて，「名簿順で出してね。」と呼びかけてくれます。

最後には，「確認をします。」と言って並びを確認してくれます。

これもはじめに，「名簿順で出してね。」と私が指導をすればいいかもしれません。しかし私は，自分たちで気づいて実行できるようになってほしいと思っています。

6

学級で当たり前のレベルに導く方法⑥

プリント・ノートの配り方

1年間の中で，プリントやノートを配る場面は，幾度となくあります。たかがプリントを配ることですが，その一回一回に相手への思いやりを持ちながら行うことで，心に大きな差がうまれると考えています。

「揃う」具体的イメージ

受け取った相手が気持ちよくなります。そして，すぐに片づけができるような配り方をしてほしいものです。

私の学級では，そうじが終わった後にノートやプリントを配付することが多いです。教室に全員が戻ってくるのを待つ間に，教室にいる人で配付をしてしまいます。

写真は，本人がいない状態で配られたものです。机の上にただ

本人がいない時に配付されたプリント

置いておくのではなく，すぐにファイルに入れられるように折っておきます。さらには，戻ってきた時に気持ちよくなる置き方をしておきます。
　このように置かれていた子は，次に友だちがいなかったら，自分のやってもらったことをしようとするようになります。そうすると，学級の中にプラスの循環がうまれてきます。
　こんな姿を目指していきたいです。

● そのレベルに導くための指導方法の一例

①　どうぞ・ありがとう

　プリントを配付する時に，「どうぞ。」「ありがとう。」と言葉を添えることは，あまりにも有名な有田和正先生の実践です。「どうぞ。」は思いやり，「ありがとう。」は感謝です。
　配付する時に，一言添えさせます。これだけで，子どもたちの配り方も大きく変わってきます。
　相手が受け取りやすいように両手で渡したり，相手の目を見ながら渡したりするようになります。

②　教師がする

　はじめのうちは，そうじから帰ってきていない友だちのプリントを揃える子はいません。
　そんな時，何も言わないで私が揃えていきます。すると，「先生，一緒にやります。」とやってくれる子が出てきます。「ありがとう。」と伝えます。
　そうじから戻ってきた子に，「机見て何か，気づかない？　これ，あおいさんがやってくれたんだよ。どう？」と尋ねると「すごく気持ちいい。ありがとう。」と返ってきます。それを聞いて，揃えてくれたあおいさんも笑顔になります。

ノートなどは，その人の身代わりと言えます。配付する時に，少し離れた席から投げて配付する姿を目にすることもあります。

しかし，「どうぞ。」と一言添えていたり，いない時の置き方をこだわったりしていると，そのような光景は見られなくなります。

身代わりであるノートを，投げて配付するのを見逃していると，ノートに落書きをするなど「いじめ」のような大きな問題に発展していくのではないかと思います。

学級で当たり前のレベルに導く方法⑦

「さようなら」前の机やいす

出張などで学級を空けた時，戻ってきて一番に見るのは子どもたちの机やいすの置き方などです。

自分が１日座って学習をしていた机やいす。それをどのように置いているかということから，心が見えてきます。

「揃う」具体的イメージ

いすは，机の中に入っています。机の向きは，学級全体として「美」を感じられるように置いておきます。

● そのレベルに導くための指導方法の一例

①　机を置く位置を示す

床に赤マジックでラインをひいています。机の右端に当たる部分です。どこに置いたらいいのか，位置を見て分かるようにしています。

「ちゃんと机を揃えて。」では，何が「ちゃんと」か分かりません。「赤いラインに揃えて。」と言えば，教師と子どもたちのイメージが共有されます。

４月には，授業の開始や終わりには必ず机の位置を確認しています。

②　リーダーに任す

４月，繰り返し声をかけていると，特に机の置き方にこだわる子が出てきます。例えば，下校前に全員の机を自主的に揃えてくれる子です。

いつまでも，教師が子どもたちを引っ張るのではなく，子どもたち自身が引っ張っていくようにさせたいです。

そこで，「ひろくん，いつも机を揃えて帰ってくれているよね。先生，すごくうれしいんだ。机揃えリーダーになって，みんなを引っ張ってほしいんだけどどうかな？」と声をかけます。

その日から，教師の呼びかけではなく，机揃えリーダーが学級全体に「机を揃えて帰る」ことを呼びかけるようになります。

ちなみに私の学級のリーダーは，毎日全員の机を確認して揃っていなかったら揃えて帰ってくれています。

補足情報

下校前だけではなく，移動教室の時にも机が揃っているか確認をさせます。

揃っていなかったら，叱るのではなく「みきちゃんのいすが泣いています。」と黒板に書いておきます。すると，笑いながら直すようになります。

8

学級で当たり前のレベルに導く方法⑧

給食の準備

給食の準備は学級全員で行います。給食の準備は，子どもたちの思いやりや協力する心などを育むことができる時間です。

短い時間で協力して準備をして，気持ちよく食べるようにしたいものです。

「揃う」具体的イメージ

給食は，様々な方のおかげで食べることができています。当たり前ではなく，しっかりと感謝させたいと考えています。

例えば，食材を育ててくださった方，学校まで運んでくださった方，調理してくださった方など，多くの方のおかげで食べることができています。

子どもたちにできることは，食べ物を大切にして，感謝しながら食べること。さらには，食器を丁寧に返すことなどです。

それら一つひとつに，感謝の心が感じられるようにしたいものです。

● そのレベルに導くための指導方法の一例

①　全員で準備

学級の中で半数は給食準備をしています。半数は，遊んでいるという光景を目にすることがあります。準備している半数も，しゃべりながら嫌々準備をしています。準備を終えると，「僕のストローがないじゃん。

なんでや。」と遊んでいた子が言います。

このような光景は，首をかしげたくなります。給食準備も大切な学びの時間です。

全員で準備をすることで，短時間で終えることができます。そして，仲間を思いやる行動が多々見られます。例えば，食器の持つところに汁が垂れていることがあります。それに気づいて拭いてくれる子がいます。箸を左手で使う人のために，食器の配置を反対にして置いている子がいます。ストローが全員に配られているか確認をする子がいます。

短時間で準備できた時に，「全員が，自分の食べるものだけではなく，仲間が気持ちよく食べられるように働いてくれました。ありがとう。それでは，食べましょう。」と声をかけます。楽しい給食時間が，長くとれるだけではなく，仲間の思いやりを感じうれしい気持ちで食べることができます。

② こだわりをもつ

給食準備の時に，私は細かく分担を決めていません。おかずを給仕する人，配る人。大きくこの２グループに分けています。

「あいまいな」グループ分けにしておくことでどうやったら短時間で協力してできるかを子どもたちに考えさせていきたいと思っています。

「みんなの準備の仕方を見せてください。」と言っておきます。そうすると，おかずを皿に入れる人がやりやすいように，次の皿を準備して持って待っている子。食器にこぼれた汁をティッシュで拭いている子。食器の配置を揃えている子。どのように食器を置いたら，効率が良くなるか考え指示を出している子など様々です。

準備を終えた後に，「今日の準備ですごいなぁと思った人はいましたか？」と子どもたちに問いかけると，たくさんの意見が出てきます。これらを価値づけていくことで，子どもたちにとってこだわりが当たり前になります。

③　タイムを計る

キッチンタイマーでタイムを計るだけで，子どもたちのやる気はメラメラと高まってきます。

「昨日，８分 40 秒だからそれを超えるように目指そう。」と声をかけると，全員で一気に取り掛かります。

④　動画で分析

タイムを計り始めて２ヵ月も経つと，記録に伸び悩みが出てきます。超えられない壁が出現します。（笑）

そこで，給食準備の様子を動画で撮影します。それを，子どもたちと見ながら「どうすれば，もっと早くなるか。工夫ができるか。」を考えます。

こうなってくると，子どもたちの「当たり前」のレベルが高まっていることを感じていただけると思います。

嫌々給食準備をするのではなく，ゲーム感覚で高まっていきます。

動画分析では，過去の友田学級の先輩の様子を見るのも面白いです。先輩たちがどのような動きをしていたか，大いなる刺激になるようです。

また，他の学級に挑戦状を出すのも面白いです。

以前３年生を担任していた時に，６年生に挑戦状を出しました。どちらが早く給食準備ができるかという，タイム勝負です。これは，燃えました。勝ちたいという気持ちから，全員が協力をします。そして，一人ひとりがよく考えました。

9

学級で当たり前のレベルに導く方法⑨

給食の片づけ

食べ終えた後，どのように食器を返すか。子どもたちの心が現れる場面の一つです。しっかりと，感謝の心を育んでいきたいです。

「揃う」具体的イメージ

食器は，揃えて給食ワゴンに戻しています。返す時の音も，ガチャ～ンと音を響かせて投げて返すのではなく，できる限り無音で丁寧に返します。

教室にもストローの入っていた袋やパンの袋などが落ちていないようにさせたいと思っています。

● そのレベルに導くための指導方法の一例

①　無音で丁寧に

家の食器だと投げて返さない子でも，学校の食器だと乱雑に扱っている子が多いように感じます。学級開きから１週間くらいは，食器を返すワゴンのそばにいます。そして，「今の返し方，おしいなぁ。音が大きかったなぁ。」「いいね。音が小さくなったよ。」「すごい。友だちの食器がずれていたのを直してくれたんだね。ありがとう。」と一人ひとりに声をかけていきます。

繰り返していくと，音がなくなっていきます。

②　リーダー制

①のような指導をしていると，子ども同士で注意し合う姿が見られます。また，「袋をゴミ箱に捨てましょう。」や「まだ，ご飯が残っています。お代わりしてください。」と呼びかける子が出てきます。

そのような子が出てきたら，「無音で返す方が気持ちいいよね。気づいてくれてありがとう。リーダーとして引っ張ってくれる？」とお願いをします。教師が子どもたちに呼びかけていたことから，子どもたち同士での呼びかけにすることで，意識がさらに高まっていきます。

③　全員で片づけ

教室にパンの袋，中にはおかずが落ちているのに気にならない状態は，まずいように思います。

「ごちそうさま」をした後に，すぐに教室を飛び出して遊びに行く姿を目にします。責任感の強い子や係の子が，給食の片づけをしています。

私の学級では，ごちそうさまをした後に全員で片づけをしています。机を教室の後ろに下げ，そうじが始められるようにしておきます。教室に落ちているゴミはないか確認をします。給食ワゴンを運びます。ものの１～２分のことです。全員で片づけをして，休憩に入るようにしています。

こうすることで，誰かに仕事を押し付けたり乱れた教室のままだったりすることはなくなります。

写真は，学級全員のパンが入っていた袋です。配付した後に，「先生，使ってください。」と丁寧に三角形にしたり小さくたたんだりして持って来てくれます。

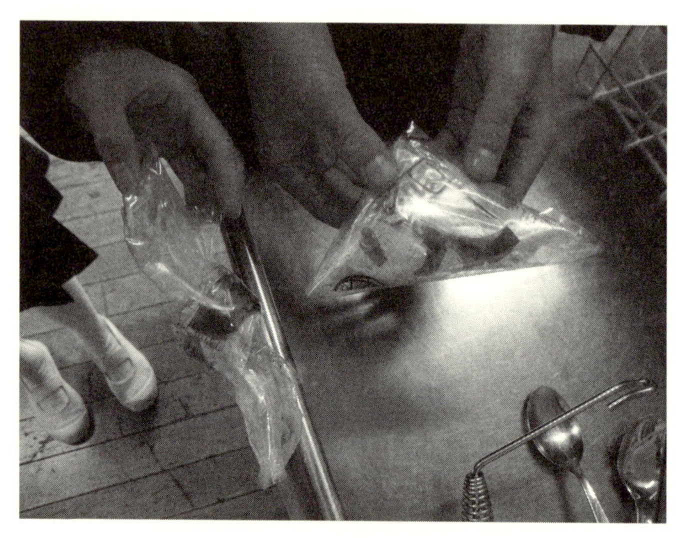

パンの入っていた袋をコンパクトに

とっておいて，ゴミ袋として活用しています。

そのまま捨ててもいいものです。しかし，こういうことは感謝の心の一つだと思っています。

このような取り組みは，他の子にも連鎖していきます。自分が食べたパンの袋を小さくたたんで，ゴミに捨てています。

思わず，うれしくなり写真におさめたものです。

学級で当たり前のレベルに導く方法⑩

そうじの準備

私のクラスでは，給食の準備や片づけ，そうじは，力を入れて取り組んでいます。楽をしようと思えば，楽をできます。教師の目が行き届きにくいため，ごまかすことができる時間です。

そうじはものすごく集中して取り組むが，授業になったら適当に取り組むというのは，考えにくいです。

そうじは，自分磨きです。そうじに丁寧に取り組むことができるようになると，授業中も集中して取り組むようになります。全てがつながっています。

「揃う」具体的イメージ

13:20がそうじ開始だとします。開始のチャイムが鳴ってから，そうじ場所に着くようでは，遅いです。13:20には，そうじを始めていなければなりません。

13:20までにそうじ道具の準備を行い，今日そうじする場所の様子を確認し班で目標を共有しておくことが必要になります。

● そのレベルに導くための指導方法の一例

①　意図的なグループ分け

みなさんは，そうじをするグループは，どのように分けていますか。そして，同じそうじ場所をどのくらい継続させているでしょうか。

私は，そうじだけのグループをつくっています。様々な仲間と，協力する場をつくりたいからです。そして，同じ場所を２ヵ月間はそうじをします。ある一定の場所を，「プロ」と言えるまで黙々と取り組むことができて初めて，他の場所に行っても高いレベルでそうじができると考えています。

１週間で変わっていたのでは，どうやってそうじをしたらいいか分かりかけた頃に次の場所に変わり，また次の場所で戸惑ってしまいます。

２ヵ月経って変わる場合には，連携をさせています。新しく担当するグループに，現地でそうじの仕方や気を付けることを伝えさせています。

②　写真で紹介

他のそうじ場所の子が，どんな様子でそうじをしているかは，子ども同士知りません。

私は，毎日担任している子たちの様子を見て回ります。その時に，一緒にそうじをしたり，ほめたりしています。そして写真にも撮っています。

帰りの会に写真をプロジェクターで写しながら，そうじの様子を紹介します。

同じそうじ場所でなければ，お互いの様子を知りません。写真を通してがんばりを知ることで，「さらにがんばろう。」という意識が高まっていきます。

③　準備をして休憩

次の絵は，昼休憩になってすぐの様子です。

遊びに行く前に，そうじ道具の準備をしてから休憩に行っています。この様子も写真で紹介すると，次の日には友だちの真似をする子が出てきます。

ここでもその行為を認めていくことで，広がっていきます。

「今日のそうじ」というテーマで，そうじ作文を書かせると面白いです。教師が知らない，子どもが見つけた友だちのよさを知ることができたり，心が磨かれていったりしている様子を感じ取ることができます。

おわりに

現在，6年生を担任しています。先日，担任している子どもたちにとって小学校生活最後の学習発表会が終わりました。

発表会までの道のりで，成長を認めたり叱咤激励を繰り返したりしてきました。子どもたちは，叱られたり失敗をしたりする度に，「次こそはやってやる。」と失敗を成長につなげていこうとする姿をたくさん見せてくれました。

発表会当日，子どもたちの発表を観ていると自然と涙が出てきました。およそ20分の発表のために，その何倍もの練習を積み重ねてきたこと，その中でたくさんの成長を遂げてくれたことなどを考えると，視界がぼやけてきました。

大きな行事が終わり，達成感を感じると同時に子どもたちが小学校を巣立っていく卒業式が近づいていることも感じ，少し寂しくなっている私もいます。

学習発表会後，最初の授業参観・学級懇談会でのことです。ある保護者が，「今日の授業にしても，この前の発表会にしても，子どもたちからやらされている感を感じません。むしろ，やりたいと子どもたちが主体的になって取り組んでいる姿に，保護者としてうれしくなります。」と語ってくださいました。

この保護者が語ってくださったことは，自分が学級で目指していることです。

春は，子どもたちが安心して，そして学級として高まっていく集団になるために，ある程度「型」を示します。それが，本書で述べてきた「揃う」です。

しかし，学級が「揃う」ことだけを目指しているのではなく，その先にある子どもたちが自主的に考えて行動をしたり，友だちとつながり高まっていったりすることを目指しています。そのための「揃う」を切り口にした，一点突破です。

保護者が語ってくださった感想を聞きながら，自分の考えていることが間違っていないと確信した場面でもありました。

倖いなことに私には，教師として追いかけている師がいます。しかし，本書を書くために自分の実践を振り返ったり，師の話を聴いたりする度に，師の背中が遠くなっていっていることを感じています。

これからも，目の前の子どもたちに力をつけていくために，教師である自分に何ができるか考えながら，実践を積み重ねていこうと思っています。

最後に，本書を書くきっかけをくださった中村健一先生，ありがとうございました。また，黎明書房の武馬久仁裕社長，編集部の都築康予さんには，本書を書くにあたって一から丁寧にご指導いただきました。ありがとうございました。

そして，本書を手に取って読んでくださった皆様，本当にありがとうございました。

友田　真

著者紹介

友田　真

1984年広島県生まれ。現在広島県公立小学校勤務。徹底反復研究会などに所属。共著に『担任必携！　学級づくり作戦ノート』『学級担任に絶対必要な「フォロー」の技術』『厳選102アイテム！クラスをつなげる「ネタ」大辞典』（以上，黎明書房）『教える 繋げる 育てる 授業がクラスを変える！　学級づくりの3D理論』（明治図書）などがある。教育雑誌に執筆多数。

「子どもたちのやる気に火を点け，可能性を伸ばす」ことを教育哲学に，実践にあたっている。

イラスト・伊東美貴

子どもたちの心・行動が「揃う」学級づくり

2016年2月10日　初版発行

著　者　友田　真
発行者　武馬久仁裕
印　刷　株式会社 太洋社
製　本　株式会社 太洋社

発行所　株式会社 黎明書房

〒460-0002　名古屋市中区丸の内3-6-27　EBSビル　☎052-962-3045
FAX 052-951-9065　振替・00880-1-59001
〒101-0047　東京連絡所・千代田区内神田1-4-9　松苗ビル4階
☎03-3268-3470

落丁本・乱丁本はお取替します。　ISBN978-4-654-01922-9